CE1

Jeanine Guion, orthophoniste
Jean Guion, docteur ès sciences de l'éducation

ORTH

Apprendre l'orthographe

Hatier

Illustrations et calligraphie : Sophie Beaujard
Conception graphique : Frédéric Jely
Mise en page : atelier JMH
Couverture : Sandra Chamaret
Édition : Évelyne Brossier

 ISBN : 978-2-218-93014-0

ORTH CE1

Cet ouvrage contient près de 300 exercices correspondant aux notions d'orthographe que les élèves de la classe de CE1 doivent connaître pour acquérir les bases de l'orthographe.

Il comprend trois grandes parties :

Observation

Dix fiches d'exercices sont destinées, en début d'année, à habituer l'élève à **observer avec rigueur** les lettres, les mots et les phrases. Il apprend à **utiliser l'ordre alphabétique**, convention nécessaire pour l'emploi des dictionnaires.

Règles d'orthographe *(liste pages 7 à 9)*

Elles couvrent les grands domaines de l'orthographe :
- les notions grammaticales de base, avec en particulier la segmentation correcte des mots ;
- l'orthographe d'usage ;
- les homophones grammaticaux ;
- les accords en genre et en nombre ;
- les formes verbales qui comprennent la conjugaison des verbes fondamentaux.

Révision

Douze fiches d'**exercices variés** aident à fixer ce qui a été appris. Elles sont suivies de **dictées** avec des renvois aux règles pour faciliter les révisions.

En plus de ces trois parties, ce livre contient :

■ **les mots à savoir écrire** sans hésitation à la fin du CE1, choisis parmi les plus fréquents et les plus simples de la langue française. Ils se retrouvent tout au long du livre dans les exercices et sont présentés en fin de leçon pour être appris **par cœur** : PAR ❤ ;

■ **deux tests** d'évaluation pour connaître le niveau des élèves en début d'année scolaire et faire le bilan des notions acquises en fin d'année.

Conseils d'utilisation

Les tableaux des règles

L'élève doit **observer attentivement** le tableau de la règle avant de faire un exercice. Il doit ensuite apprendre à **exprimer ce qu'il comprend.** La rubrique ***Retiens***, sous le tableau visuel, propose une formulation de la règle. D'autres exemples peuvent être trouvés en classe par les enfants avec l'aide de l'enseignant.

Les exercices

• Quand il s'agit d'exercices à trous, l'élève doit répondre en écrivant les mots entiers et, s'il s'agit de phrases, il écrit toute la phrase ou ce qui lui a permis de choisir sa réponse. Il prendra l'habitude de sélectionner les informations utiles qui expliquent les marques orthographiques.
• Il est important d'habituer les enfants à évoquer beaucoup de mots dans des séries orthographiques : mots terminés par *-ée*, par *-té*, par *-elle*, par *-eur*, etc. Ils retiennent ainsi ce qui est régulier et le plus fréquent.

L'évaluation

• Les exercices peuvent être facilement notés sur 5 ou sur 10, ce qui rend possible une évaluation suivie des résultats. On estime qu'un élève réussit un exercice systématique lorsqu'il a au moins 8 ou 9 réponses justes sur 10.
• Les exercices un peu plus difficiles sont signalés par un petit triangle : ▶.
• Les corrigés des tests et des exercices figurent sur le site Internet **www.orth-hatier.com**.

La progression

ORTH est d'un emploi très souple. L'enseignant peut définir l'ordre d'étude des règles selon les lacunes de ses élèves ou en fonction de sa progression pédagogique.

Exemple de progression :

R1 - R2 - R8 - R9 - R3 - R10 - R4 - R11 - R5 - R12 - R30 - R45 - R56 - R6 - R32 - R13 - R33 - R57 - R58 - R59 - R7 - R14 - R34 - R46 - R60 - R15 - R16 - R35 - R47 - R61 - R17 - R18 - R36 - R62 - R37 - R19 - R38 - R20 - R48 - R21 - R39 - R49 - R63 - R22 - R23 - R40 - R50 - R64 - R24 - R41 - R51 - R65 - R25 - R42 - R52 - R66 - R26 - R67 - R27 - R43 - R68 - R28 - R53 - R69 - R70 - R29 - R54 - R71 - R72 - R44 - R55 - R73 - R74 - R31 - R75 - R76 - R77.

Présentation d'une règle

- **Tableau de la règle** avec des exemples simples. La présentation visuelle aide à bien comprendre la notion étudiée et à la retenir.
- **Leçon étudiée.**

19 les mots avec **gue, gui**

OBSERVE

RETIENS

■ Pour avoir le son « **g** » de *garçon*, j'écris **g** avant **a**, **o**, **u** et j'écris **gu** avant **e** et **i** : *une bague, une guitare.*

58 **Écris en séparant les mots qui ont gu et ceux qui ont g.**
la gare, grand, une guêpe, gourmand, une guitare, gonfler, le guidon, une marguerite, regarder, une bague. ... /10

59 **Écris en complétant par g ou gu.**
la lan...e • c'est a...réable • il est fati...é • une ...omme • la ...erre • le re...ard • la fi...ure • ...ider • un ma...asin • se dé...iser. ... /10

60 **Écris en complétant par g ou gu.**
un grand ...arçon
l'heure du ...oûter
une ba...ette magique
conju...er un verbe
manger des lé...umes
les ...irlandes du sapin
avancer comme un escar...ot
plonger dans les va...es
un dra...on chinois
suivre le ...ide
... /10

PAR ❤ la **g**are, re**g**arder — la fig**ure**, une voit**ure** — gro**s**, gro**sse** — bon, bo**nne**

44

- **Formulation de la règle** présentée dans le tableau.
- **Exercices d'apprentissage** contenant des mots à savoir au CE1 (liste établie d'après leur fréquence et leur difficulté).
- **Exercice** un peu plus difficile.
- **Notation facile** sur 5 ou sur 10.
- **Mots à apprendre par cœur** avec mise en évidence des régularités orthographiques et des points plus difficiles.

Liste des règles

pages

Notions de base

Orthographe d'usage

Homophones grammaticaux

Accords en genre et en nombre

Formes verbales

Test de départ

Ce test peut être passé en deux fois. L'élève doit répondre aux questions sans aide. Toutefois, l'enseignant peut dire oralement les mots des questions 1 à 8.

Écris les mots qui correspondent aux dessins.

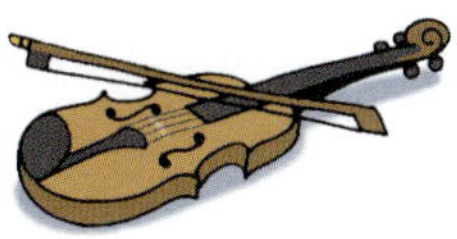

1 un ....

2 un ....

3 un ....

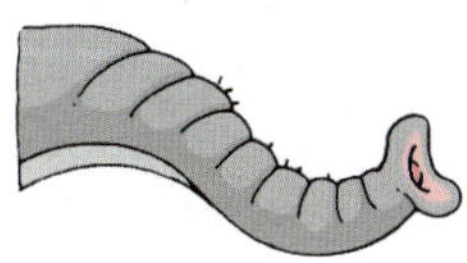

4 la ....

5 une ....

6 une ....

Complète :

7 **par aille, eille ou euille :** une ab...........

8 **par in, ein ou ien :** un gard...........

Écris en séparant les mots.

9 lécole : ....

10 despetitsanimaux : ....

11 jaimalauventre : ....

Choisis :

12 **s ou ss :** Il a un poi.....on rouge.

13 **g ou gu :** re.....arder

14 **c ou ç :** un .....itron

Complète :

15 **par il ou ils :** .... est grand.

16 **par elle ou elles :** .... ont gagné.

Que manque-t-il ?

17 **Complète avec le verbe être au présent.**

En ce moment, je .... à l'école.

18 **Écris au pluriel.**

un moulin → des ....

19 **Complète par e, es ou ent.**

Les filles chant......... bien.

20 **Complète par son ou sont.**

Dans la cour, j'ai vu .... frère.

(1 point par question entièrement réussie). ... /20

Entourer les numéros des questions où il y a des erreurs.
À côté figurent les numéros des règles que l'élève doit apprendre.

(1) R8	(6) R18 R21	(11) R6	(16) R33 R59
(2) R9 R10	(7) R13	(12) R17	(17) R62
(3) R12	(8) R12	(13) R19	(18) R46
(4) R10 R16	(9) R2	(14) R22	(19) R53 R54
(5) R8 R29	(10) R4	(15) R32 R59	(20) R34 R38

Observation de la langue

- Dix fiches proposent des exercices d'observation des lettres, des mots et des phrases. C'est un travail nécessaire en début d'année scolaire avant de commencer l'apprentissage des règles d'orthographe.
- Ces fiches sont présentées dans un ordre de difficulté croissante, qu'il est préférable de suivre. Chacune est prévue pour être notée sur dix.

1 Fiche d'observation

début de l'alphabet			
a	b	c	d
e	f	g	h

début de l'alphabet			
a	b	c	d
e	f	g	h

1 **Trouve les cinq mots qui commencent par une lettre du début de l'alphabet. Écris-les.**

deux   joli

chat   vélo   grand

sage   enfant

avion   petit   lit

2 **Le robot est déréglé ! Écris la phrase en remettant les mots dans l'ordre.**

tout   noir

chat   mon

est

... /10

2 Fiche d'observation

début de l'alphabet →

a 1	**b** 2	**c** 3	**d** 4
e 5	**f** 6	**g** 7	**h** 8

3 **Écris la 1re lettre de l'alphabet.**

4 **Écris la 6e lettre de l'alphabet.**

5 **Quelle lettre vient juste après b ?**

6 **Quelle lettre vient juste après d ?**

7 **Quelle lettre vient juste après g ?**

8 **Écris les cinq mots qui peuvent aller dans ces cailloux.**

lui • elle • ton • leur • bon
des • tes • mes • les

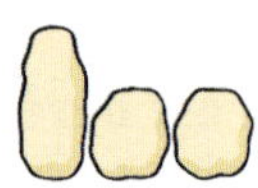

Règle du jeu des « cailloux » :

gros caillou :   *grande lettre* → h g

petit caillou :   *petite lettre* → m a

tout petit caillou :   *point ou accent* → é i

mot écrit avec des « cailloux » : école

... /10

3 Fiche d'observation

milieu de l'alphabet

i j k l m n

o p q r s t

9 **Trouve les cinq mots qui commencent par une lettre du milieu de l'alphabet. Écris-les.**

terre rue
dans avoir gros
table lait
image cravate dormir

10 **Le robot est déréglé !
Écris la phrase en remettant les mots dans l'ordre.**

mange de
tartine cette miel

... / 10

4 Fiche d'observation

milieu de l'alphabet →

i	j	k	l	m	n
9	10	11	12	13	14
o	**p**	**q**	**r**	**s**	**t**
15	16	17	18	19	20

11 **Écris la 13e lettre de l'alphabet.**

12 **Écris la 16e lettre de l'alphabet.**

13 **Quelle lettre vient juste avant j ?**

14 **Quelle lettre vient juste avant m ?**

15 **Quelle lettre vient juste avant s ?**

16 **Écris les cinq mots qui peuvent aller dans ces cailloux.**

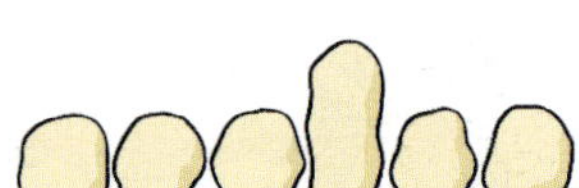

carton, valise, cacher, bouton, orange, contre, classe, animal, rester, monter

... / 10

5 Fiche d'observation

fin de l'alphabet

u v w x

y z

17 Écris la dernière lettre de l'alphabet.

18 Quelle lettre vient juste après u ?

19 Quelle lettre vient juste avant w ?

20 Quelle lettre vient juste après x ?

21 Quelle lettre vient juste avant y ?

22 Le robot est déréglé ! Dans chaque mot, il a écrit une lettre de trop. Corrige ces mots.

fvigure

meubple

recgarde

lunedi

routde

... /10

6 Fiche d'observation

alphabet

a	**b**	**c**	**d**		
1	2	3	4		
e	**f**	**g**	**h**		
5	6	7	8		
i	**j**	**k**	**l**	**m**	**n**
9	10	11	12	13	14
o	**p**	**q**	**r**	**s**	**t**
15	16	17	18	19	20
u	**v**	**w**	**x**		
21	22	23	24		
y	**z**				
25	26				

23 **Sur chaque carte, les mots sont-ils rangés dans l'ordre de l'alphabet ? Réponds par oui ou par non.**

1
aller
bol
chat

2
roi
sac
avoir

3
moi
non
sur

4
maison
olive
nuage

5
entre
froid
grand

24 **Écris les cinq mots qui peuvent aller dans ces cailloux.**

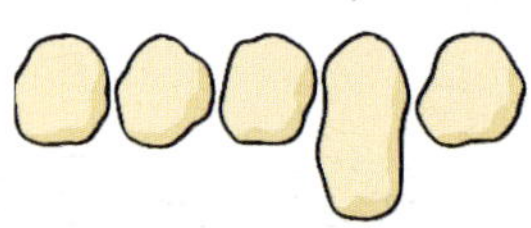

sapin
soupe
figure
neige
orage
rouge
arbre
nuage
coupe
école

... /10

7 Fiche d'observation

voyelles

a o u

e i

(é, è, ê) y

25 **Recopie les cinq messages qui contiennent seulement des voyelles.**

- o y u
- u o a
- o i n
- q a i
- e g i
- i é a
- i a u
- e j u
- o ê y

26 **Le robot est déréglé ! Écris les mots en remettant les syllabes dans l'ordre.**

- ta mous che
- li se va
- ge fro ma
- oc bre to
- ar re moi

... / 10

8 Fiche d'observation

alphabet	ALPHABET
a b c d	A B C D
e f g h	E F G H
i j k l m n	I J K L M N
o p q r s t	O P Q R S T
u v w x	U V W X
y z	Y Z

27 **Dans chaque cadre, y a-t-il trois fois la même lettre ?**
Réponds par oui ou par non.

1	2	3	4	5
b b D	f f F	u u V	m n M	l l L

28 **Écris les cinq mots qui peuvent aller dans ces cailloux.**

avec — piste
robe — avoir
année — sable
moulin — auto
semaine — croix

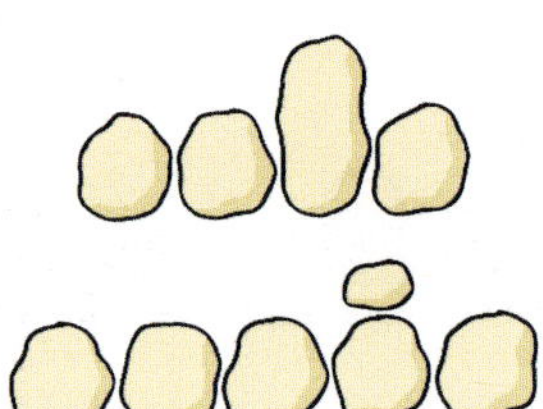

... /10

9 Fiche d'observation

Maman dit à Pauline :
– Tu seras sage, je vais faire une course.
– Oui, maman, et tâche de la gagner !

29 Complète avec des mots de l'histoire.

ou	an	au	ai	ch
course	…	…	…	…
			…	

30 Écris en, ei, eau, ê dans les bulles qui conviennent.

1.

2.
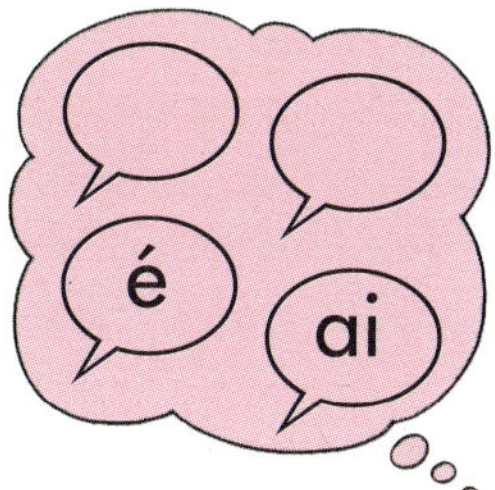

3.

31 Un seul mot peut aller dans ces cailloux. Trouve-le.

cheminée
cahier
chemise

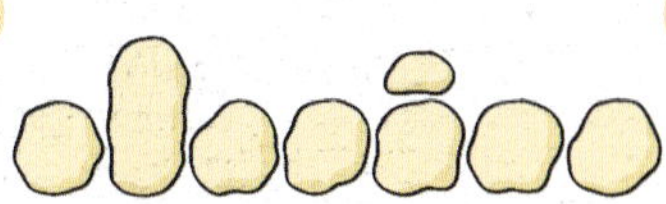

journée
solide
retenir

… /10

10 Fiche d'observation

Un petit garçon pleure :
– J'ai perdu une dent.
– Ce n'est pas grave, dit papa.
– Oh ! si, répond Thomas, c'était
la dernière dent de mon peigne.

32 **Complète avec des mots de l'histoire.**

pon	gne	gra	gar	per	der
ré**pon**d	…	…	…	…	…

33 **Trouve les deux syllabes qui sont dans les mots de l'histoire.**

pie ba pei né plu du nu deu

34 **Le robot est déréglé ! Il a écrit trois mots de trop.**
Retrouve la phrase juste et écris-la.

… /10

Règles d'orthographe

- Elles sont regroupées sous cinq rubriques *(liste pages 7 à 9)* :
  - notions de base ;
  - orthographe d'usage ;
  - homophones grammaticaux ;
  - accords en genre et en nombre ;
  - formes verbales.

L'enseignant peut choisir l'ordre d'étude des règles ou bien suivre la progression proposée page 4.

- Les mots marqués PAR ❤ doivent être appris. Ils ont été choisis en fonction de leur fréquence et de leur difficulté. Ils constituent une base solide sur laquelle s'appuieront les apprentissages ultérieurs.

- Pour permettre de calculer facilement une note, les exercices sont prévus avec cinq ou dix réponses. Un niveau supérieur de difficulté est marqué par un petit triangle bleu : ▶.

1 le groupe du nom

OBSERVE

RETIENS

- Il y a des personnes, des animaux et des choses.
  Les mots qui servent à les désigner s'appellent des **noms**.
  Je peux dire un nom avec **un** ou **une** : ***un*** *enfant,* ***une*** *maison.*

1 **Classe ces noms en trois colonnes : les noms de personnes, les noms d'animaux et les noms de choses.**

un lapin, un élève, ma mère, une porte, un chanteur, un journal, une carte, un cheval, une voiture, la lune. ... /10

2 **Écris seulement les dix noms, en ajoutant un ou une.**

jardin, oiseau, dormir, lit, copier, poule, vélo, comme, triste, niche, singe, couper, bonbon, cage, dame. ... /10

3 **Dessine une « cuillère » sous chaque groupe du nom, puis entoure le nom.**

Ex. : *un gros poisson* → *un gros (poisson).*

une jolie image • une petite fille • une moto rouge • un bébé sage • des nuages noirs. ... /5

PAR ❤ un lap**in** un b**ébé** une robe une r**ou**te la lune

2 bien séparer les mots : l'apostrophe

OBSERVE

RETIENS

- Avant les noms qui commencent par une voyelle, **le** ou **la** devient **l'** : *un oiseau → l'oiseau ; une image → l'image.*

4 **Écris ces noms en ajoutant le, la ou l'.**

Ex. : *tableau →* ***le*** *tableau ; éponge →* ***l'****éponge.*

poche, ardoise, domino, animal, livre, robe, église, coude, écriture, table. ... /10

5 **Écris ces noms en ajoutant le, la ou l'.**

usine, route, auto, abeille, élève, ville, planche, camion, homme, femme. ... /10

6 **Voici des mots attachés. Écris-les en les séparant.**

Ex. : *larbre → l'arbre ; laporte → la porte.*

laplante	lafamille	larmoire	lechocolat	lannée
larue	lavion	lécole	lété	lematin

... /10

PAR ❤ une po**che** une ni**che** une pa**ge** une ima**ge** une u**s**ine

3 l'adjectif

OBSERVE

RETIENS

- **L'adjectif** est un mot qui va avec le nom.
  Il dit ***comment est*** une personne, un animal ou une chose :
  *il est **petit**, elle est **grosse**.*

7 Cinq mots peuvent dire comment est Clara. Écris-les.

jolie, petite, soleil, sage, acheter, blonde, robe, contente.

... /5

8 Cinq mots peuvent dire comment est le lapin. Écris-les.

gros, marche, doux, blanc, table, mignon, peureux, saute.

... /5

9 Cinq mots peuvent dire comment est la voiture. Écris-les.

rouge, s'arrête, solide, rue, belle, roule, neuve, propre. ... /5

10 Recopie ces groupes du nom, puis souligne les adjectifs.

Ex. : *du linge sec → du linge sec.*

un vélo bleu • une maladie grave • une bonne tartine • de la salade verte • un vieux meuble.

... /5

PAR ❤

sa**ge** rou**ge** solide joli gran**d**

4 bien séparer les mots : les liaisons

OBSERVE

RETIENS

- Le début d'un mot ne change jamais.
- Si j'entends un autre son au début du mot, c'est **une liaison** : *un avion, un petit avion, un gros avion.*

11 **Voici des mots attachés. Écris-les en les séparant.**

Ex. : *desavions* → *des avions.*

lesimages	desmelons	cesmoulins	lesanimaux
unos	lesélèves	desoranges	uneodeur
unorage	lesoreilles		

... /10

12 **Trouve les cinq noms d'animaux qui sont cachés dans ces mots attachés.**

Ex. : *unchatnoir* → *chat.*

ungrosours	unepetitepoule	desânesgris
lapoulerousse	unéléphantdressé	monours
ungrosâne	unmoutonfrisé	

... /5

13 **Voici des mots attachés. Écris-les en les séparant.**

Ex. : *unavionneuf* → *un avion neuf.*

unegrandemaison • despommescuites • deshistoiresdrôles • desmouchoirsbrodés • desépinespointues.

... /5

5 le verbe

OBSERVE

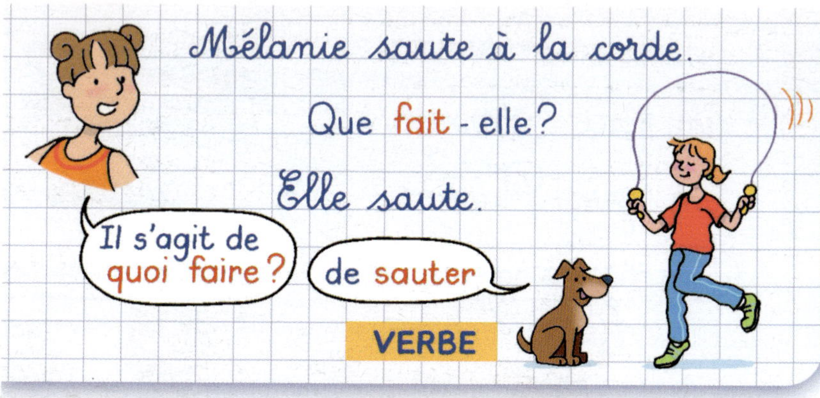

RETIENS

- Il y a des mots qui disent **ce qu'on fait**. On les appelle des **verbes** : *sauter, rire, jouer.*
- Les verbes se conjuguent : *je saute, tu sautes, elle saute, nous sautons…*

14 **Cherche les dix verbes, puis écris-les.**

manger, maison, parler, boire, se lever, nuage, toucher, froid, dormir, fleur, bouton, acheter, fourchette, moudre, rester, montagne, tenir.

… /10

15 **Cherche les dix verbes, puis écris-les.**

montrer, éponge, se moucher, lire, étoile, trouver, garder, fabriquer, artiste, grogner, cacher, feuille, ramer, moustache, enfermer.

… /10

▶ **16** **Écris ces phrases, puis souligne les verbes.**

Ex. : *Il joue au ballon.* → *Il joue au ballon.*

Le renard bondit. • Les poules s'envolent. • Il lave sa chemise. • Ta lettre partira ce soir. • Je te donne une pomme.

… /5

6 bien séparer les mots avec le pronom

OBSERVE

RETIENS

- Quand j'écris, je coupe les phrases en mots.
- Il y a des petits mots qui remplacent des noms. Quand un garçon dit : *j'ai un chat et un chien, j'* remplace *le garçon*.

17 **Écris le verbe simple que tu reconnais.**

Ex. : *s'aimer → aimer.*

s'amuser, s'éclairer, s'arrêter, s'approcher, s'appeler. ... /5

18 **Recopie ces phrases en séparant les mots.**

Ex. : *Ilschantent → Ils chantent.*

Jemange. • Ellesboivent. • Iljoue • Jaidesamis. • Ellesapportentdufromage. ... /5

19 **Recopie ces phrases en séparant les mots.**

Lecamionsarrête. • Jouvrelabouche. • Jaiunesœur. • Laportesouvre. • Loiseausenvole. ... /5

AR **ai**mer jou**e**r ch**an**ter un ami un camarade

7 bien séparer les mots avec la négation

OBSERVE

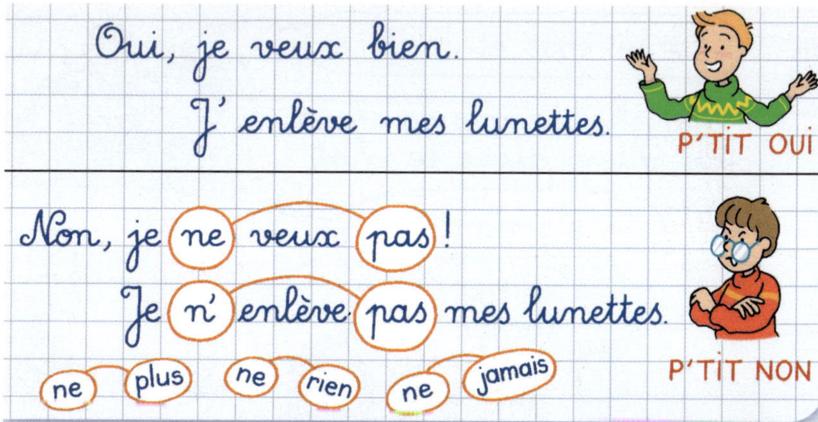

RETIENS

- Il y a des phrases négatives. Elles veulent dire « **non** ».
- Dans une phrase **négative**, il y a toujours **ne** et un autre petit mot : **pas**, **plus**, **jamais**, **rien**…
- **ne** devient **n'** avant une voyelle : *je* ***n'****enlève* ***pas***.

20 **Voici des phrases de P'tit Oui. Fais-les dire à P'tit Non.**

Ex. : *J'écoute Papa.* → *P'tit Non : Je n' écoute pas Papa.*

Il joue au ballon. • Victor est malade. • Arthur écoute. • Elle va à la pêche. • J'aime les oranges. … /5

21 **Écris ces phrases en séparant les mots.**

Jenechantepas. • Ellenedortpas. • Tunedisrien. • Ilnapasdebarbe. • Ilneneigeplus. … /5

22 **Écris ces phrases en séparant les mots.**

Lesfeuillesnetombentpas. • Moncartablenestpaslourd • Elleneboitjamaisdelait. • Cebolnestpasàmoi. • Monchatnestpasàlamaison. … /5

PAR ❤ dormir **faire** lun**di** mar**di** jeu**di** **di**manche

8 les mots avec **ia, ie, io** ou **ai, ei, oi**

OBSERVE

RETIENS

- Je fais attention à l'ordre des lettres : **i.a** comme dans *piano*, **i.e** comme dans *ciel*, **i.o** comme dans *violon*.
- J'écris **ai** dans *maison*, **ei** dans *neige*, **oi** dans *froid*.

23 **Classe ces mots en deux groupes : ceux qui ont ia, ie, io et ceux qui ont ai, ei, oi.**

un piano, faire, des violettes, un oiseau, un mariage, du bois, une maison, le pluriel, des miettes, un peigne. ... /10

24 **Classe ces mots en deux groupes : ceux qui ont ia, ie, io et ceux qui ont ai, ei, oi.**

un aigle, une croix, l'aviation, une fontaine, un cahier, un enseignant, la radio, un mouchoir, violet, une histoire. ... /10

25 **Écris ces mots en ajoutant :**

- **ia ou ai :** du l...t, un av...teur, une sem...ne.
- **ie ou ei :** une ch...nne, du m...l, n...ger, la r...ne.
- **io ou oi :** une arm...re, une p...che, un dev...r. ... /10

R ❤ le bo**is** un cam**ion** un l**ion** un mar**ia**ge une biche

9 les mots avec **car** ou **cra**, **cal** ou **cla**

OBSERVE

car	cra	cal	cla
caaarte	crrravate	caaalcul	clllasse
carte	cravate	calcul	classe
carte	cravate	calcul	classe

RETIENS

- Je fais attention à l'ordre des lettres dans les syllabes :
  – **c.a.r.** comme dans *carte* et **c.r.a.** comme dans *cravate*.
  – **c.a.l.** comme dans *calcul* et **c.l.a.** comme dans *classe*.

26 **Écris en complétant par car ou par cra.**

 un es…got
 un …be
 un …paud
 un …table
 un …ton

… /5

27 **Que manque-t-il dans ces mots ?**

- **cor ou cro** : un …chet • une …de à sauter • …quer • les …nes du bouc • un …beau • un …codile.
- **tar ou tra** : …verser la rue • de la mou…de • une …tine de confiture • arriver en re…d.

… /10

28 **Écris ces mots en ajoutant :**

- **for ou fro :** elle est …te • du …mage • c'est …midable.
- **bor ou bro :** une …dure • une …ne • une …che.
- **bar ou bra :** …vo • une …que • em…sser • la …be.

… /10

10 les mots avec **fr** ou **vr**, **pl** ou **bl**, **tr** ou **dr**, **cr** ou **gr**

OBSERVE

RETIENS

■ Pour écrire les sons qui se ressemblent, je retiens des mots :
– **fr** de *fruit* et **vr** de *livre*.
– **tr** de *trois* et **dr** de *droite*.
– **pl** de *plage* et **bl** de *bleu*.
– **cr** de *cri* et **gr** de *grand*.

29 **Que manque-t-il dans ces mots ?**

■ **pl ou bl** : une ...ante • être capa...e • du sa...e • une ...ume • du ...é.

■ **cl ou gl** : une ...oche • une é...ise • un ...ou • une épin...e • un ...açon.

... /10

30 **Que manque-t-il dans ces mots ?**

■ **cr ou gr** : un ...os chat • du vinai...e • le su...e • une ...avate • un ti...e.

■ **fr ou vr** : c'est ...oid • du poi...e • mon ...ère • être pau...e • une chè...e.

... /10

31 **Écris ces mots en ajoutant :**

■ **tr ou dr :** c'est ...ôle • c'est ...iste • ven...edi.

■ **cr ou gr :** il ...onde • la glace ...aque • un ...illage.

■ **pr ou br :** la cham...e • tout pro...e • un ...unier • son ...as gauche.

... /10

11 les mots terminés par -er, -eur, -re

OBSERVE

RETIENS

■ Je ne confonds pas l'écriture :
– du son « **é** » de *monter* → **e.r.**
– du son « **eur** » de *moteur* → **e.u.r.**
– du son « **re** » de *monstre* → **r.e.**

32 **Classe ces mots en trois groupes : les mots terminés par -er, par -eur et par -re.**

la couleur, la lecture, couper, un voleur, un chanteur, octobre, du sucre, chasser, un promeneur, la confiture.

... /10

33 **Écris en complétant par er ou par re.**

regard...	un ord...	la figu...	rest...	le bouch...
pauv...	trouv...	la foud...	un liv...	la natu...

... /10

34 **Écris en complétant par er, par eur ou par re.**

avoir p... • une bonne od... • du sel et du poiv... • un ment... • se lev... tard • un grand arb... • un bon méti... • bonjour doct... • se retourn... • être lib... .

... /10

PAR ❤

le su**cre**	une **cou**leur	un av**ion**	une vi**si**te
su**cré**	un ch**an**teur	un av**ia**teur	un vi**si**teur

12 les mots avec **ion, ian, ien** ou **oin, ain, ein**

OBSERVE

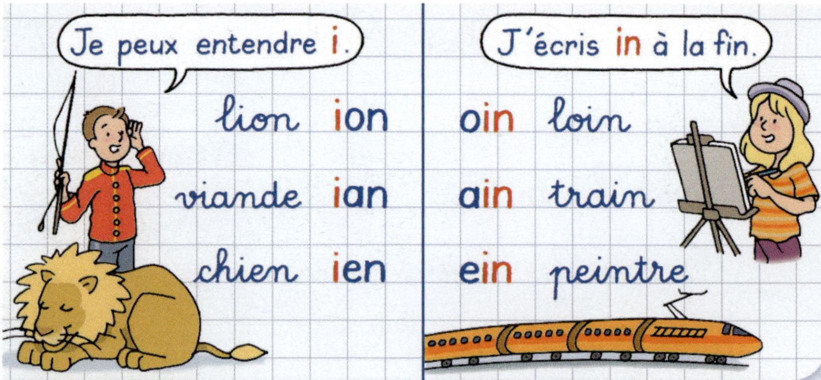

RETIENS

- Je fais attention à l'ordre des lettres : **i.o.n** comme dans *lion*, **i.a.n** comme dans *viande*, **i.e.n** comme dans *chien*.
- J'écris **in** à la fin de **oin**, de **ain** et de **ein**.

35 **Classe ces mots en deux groupes : ceux qui ont ion, ian, ien, et ceux qui ont oin, ain, ein.**

rien, loin, un peintre, un lion, un point, un triangle, un bain, les reins, bien, le lendemain.

... /10

36 **Que manque-t-il dans ces mots ?**

ion ou oin :	ian ou ain :	ien ou ein :
dans un c...	manger du p...	les fr...s du vélo
un gros cam...	la m... droite	c'est le m...
une réun...	de la v...de crue	un gard... de but
une botte de f...		

... /10

37 **Écris en complétant par oin, ein, ain ou par ion, ien.**

un verre pl... • un av... • dem... • de la p...ture à l'eau • prendre le tr... • la p...te de l'épée • en avoir bes... • la respirat... • comb... • la récréat... .

... /10

13 les mots avec ill, aill, eill, euill, ouill

OBSERVE

un papillon — i — ill

de la paille — a — aill

une bouteille — è — eill

des feuilles — eu — euill

une grenouille — ou — ouill

RETIENS

- Dans *papillon*, j'entends « **i** » : j'écris **ill**.
- Dans *paille*, j'entends « **a** » : j'écris **a.ill**.
- Dans *bouteille*, j'entends « **è** » : j'écris **e.ill**.
- Dans *feuille*, j'entends « **eu** » : j'écris **eu.ill**.
- Dans *grenouille*, j'entends « **ou** » : j'écris **ou.ill**.

38 **Écris en complétant par ill ou par ille.**

une fam..., une grenou..., un b...et, un pap...on, une chen..., une past..., de la rou..., une f..., de la van..., le feu...age. ... /10

39 **Écris en complétant par a ou par e.**

une bout...ille • de la p...ille • une ab...ille • les éc...illes du poisson • une corb...ille • un or...iller • une petite t...ille • les m...illes du tricot • des gros...illes • une bat...ille. ... /10

40 **Écris en complétant par aill, eill ou par euill.**

Il a gagné une méd...e. • J'écris sur une f...e de papier. • Lundi, c'est la v...e de mardi. • Il a fait un tas de c...oux. • C'est beau, quelle merv...e ! ... /5

14 les mots terminés par **-ail**, **-eil**, **-euil** ou **-aille**, **-eille**, **-euille**

OBSERVE

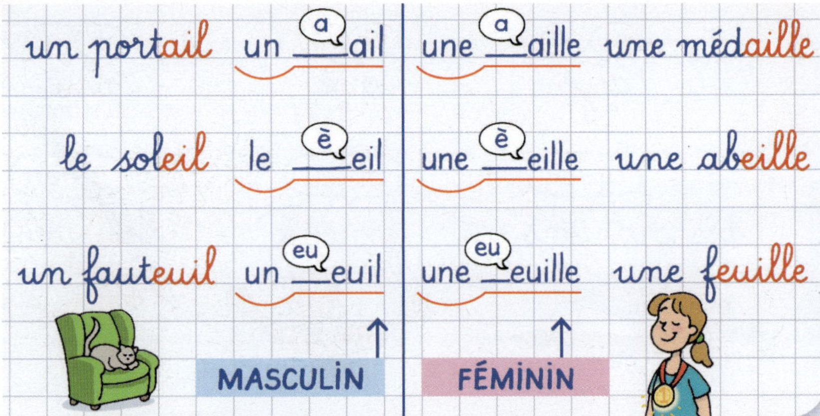

RETIENS

- J'écris **ail**, **eil**, **euil** à la fin de mots masculins : *un portail, le soleil, un fauteuil.*
- J'écris **aille**, **eille**, **euille** à la fin de mots féminins : *une médaille, une abeille, une feuille.*

41 **Écris ces mots en ajoutant un ou une.**

bouteille, abeille, portail, feuille, médaille, fauteuil, réveil, paille, travail, écureuil. ... /10

42 **Écris en complétant par il ou par ille.**

un rayon de sole...	une haute mura...
une ore... de lapin	un éventa... en papier
la corbe... du chat	

... /5

43 **Écris en complétant par il ou par ille.**

Cet oiseau est une ca... . • Il a un appare... photo. • J'ai fait une trouva... . • Je me suis cogné le gros orte... . • Cette vie... dame marche avec une canne. ... /5

PAR ❤

une **fille** une fam**ille** le sol**eil** madame une dame

15 les mots avec **ay**, **oy**, **uy**

OBSERVE

RETIENS

■ Quand la lettre **y** est juste après **a**, **o**, **u**, elle vaut **deux i** :
des crayons (crai-ions), joyeux (joi-ieux), bruyant (brui-iant).

44 **Relie chaque mot au bon groupe de lettres, puis entoure-le dans le mot.**

voyage	ay	s'appuyer	ay
un crayon	oy	essayer	oy
joyeux	uy	un employé	uy

... /5

45 **Écris les mots qui contiennent ay.**

balayer, essuyer, des rayures, des bagages, les rayons du soleil, le raisin, payer, un paysage, un pyjama. ... /5

46 **Écris les mots qui contiennent oy.**

aboyer, se mouiller, envoyer, revoir, la propreté, payer, nettoyer, le loyer, un stylo, un voyageur. ... /5

47 **Écris les cinq mots où y se prononce comme deux i.**

envoyer, une syllabe, un balayeur, un mystère, un jury, une voyelle, un tuyau, un lycée, se noyer. ... /5

PAR ❤ une ar**bre** octo**bre** une vache un mout**on** un biber**on**

16 la lettre **m** avant **m, b, p**

OBSERVE

une chambre — *un pompier* — *un timbre*

an → amb — on → omp — in → imb

nm → mm
nb → mb
np → mp

⚠ Sauf : bonbon

RETIENS

- Juste avant les lettres **m**, **b** et **p**, j'écris un **m** à la place d'un **n** : *une chambre, un pompier, un timbre.*

48 **Écris ces mots en ajoutant an ou am.**

une ch...bre, une ch...son, une br...che, une j...be, mél...ger, un ch...pignon, un p...tin, un t...bour, une pl...che, une l...pe. ... /10

49 **Écris ces mots en ajoutant on ou om.**

t...ber, le m...de, un n...bre, une p...pe, dém...ter, c'est s...bre, un b...bon, une rép...se, renc...trer, une c...pote. ... /10

50 **Écris ces mots en ajoutant in ou im.**

un t...bre, un pr...ce, être ...poli, une ép...gle, gr...per, une d...de, c'est s...ple, le s...gulier, ...primer, ...possible. ... /10

▶ **51** **Écris ces mots en ajoutant en, on, in, ou em, om, im.**

v...dre, ...mener, c'est ...juste, déc...bre, un c...pagnon, la tr...pe de l'éléphant, r...dre, ...portant, nov...bre, une r...de. ... /10

AR ❤ une ch**am**bre — **tom**ber — une br**an**che — la **con**fiture — un **mot**

17 les mots avec s ou ss

OBSERVE

RETIENS

- Le son « **s** » s'écrit avec **deux s** quand il y a une voyelle juste avant et une voyelle juste après : *une classe*.
- Le son « **z** » s'écrit très souvent avec la lettre **s** : *une maison*.

52 **Écris en séparant les mots qui ont s et ceux qui ont ss.**

un oiseau, une maison, un chasseur, une classe, une rose, mon cousin, une tasse, un poisson, une chemise, un coussin.

... /10

53 **Écris ces mots en ajoutant s ou ss.**

une vali...e	un vi...age	une pou...ette	une cho...e
la cha...e	une bro...e	elle tou...e	un ba...in.
une u...ine	un vi...iteur		

... /10

54 **Écris ces mots en ajoutant s ou ss.**

le pa...é, un maga...in, une gro...e pêche, mademoi...elle, une a...iette, un tré...or, une divi...ion, un pa...age, un de...in, une surpri...e.

... /10

PAR ❤

une cla**ss**e	la cha**ss**e	une mai**s**on	une chemi**s**e
une ta**ss**e	un cha**ss**eur	un oi**s**eau	une vali**s**e

18 les mots avec j, ge, gi

OBSERVE

RETIENS

- Pour avoir le son « **j** » de *je*, j'écris souvent **j** au début des mots : *joli, jupe*. J'écris toujours **ge** à la fin des mots : *image, rouge*.
- Avant un **i**, j'écris toujours **g** : *girafe*.

55 **Écris en séparant les mots qui commencent par j- et ceux qui se terminent par -ge.**

un jardin, jeudi, rouge, le courage, juste, un singe, une jupe, large, une courge, une tige. ... /10

56 **Écris en complétant par j ou par ge.**

le ...ournal • c'est ...oli • une ima... • du froma... • ...ouer au ballon • un ...ardinier • une oran... • une ...ournée • ...anvier • une épon... . ... /10

57 **Écris en complétant par j, par g ou par ge.**

une grande ca... • une ...irafe • il est sa... • un ...ouet • une ...irouette • une ...ambe • je man... bien • c'est ...aune • un villa... • un ...îte rural. ... /10

AR

un sin**ge**	**j**uste	le **j**our	une dinde
une ti**ge**	une **j**upe	un **j**ardin	un dind**on**

19 les mots avec **gue**, **gui**

OBSERVE

RETIENS

- Pour avoir le son « **g** » de *garçon*, j'écris **g** avant **a**, **o**, **u** et j'écris **gu** avant **e** et **i** : *une bague, une guitare.*

58 **Écris en séparant les mots qui ont gu et ceux qui ont g.**

la gare, grand, une guêpe, gourmand, une guitare, gonfler, le guidon, une marguerite, regarder, une bague. ... /10

59 **Écris en complétant par g ou par gu.**

la lan...e • c'est a...réable • il est fati...é • une ...omme • un ma...asin • la ...erre • le re...ard • la fi...ure • ...ider • se dé...iser. ... /10

60 **Écris en complétant par g ou par gu.**

un grand ...arçon
l'heure du ...oûter
une ba...ette magique
conju...er un verbe
manger des lé...umes
les ...irlandes du sapin
avancer comme un escar...ot
plonger dans les va...es
un dra...on chinois
suivre le ...ide
... /10

PAR ❤

la **g**are	la fig**ure**	gro**s**	bon
re**g**arder	une voit**ure**	gro**sse**	bo**nne**

20 les mots avec **que, qui**

OBSERVE

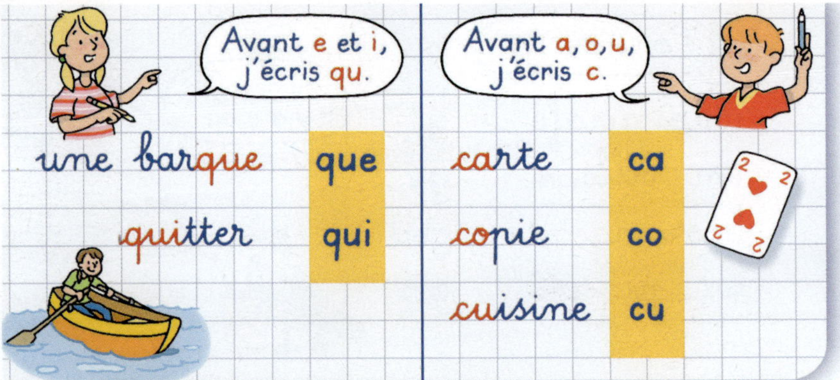

RETIENS

- Pour avoir le son « **c** » de *carte*, j'écris **c** avant **a**, **o**, **u** et j'écris **qu** avant **e** et **i** : *une barque, quitter*.

61 **Écris en séparant les mots qui ont qu et ceux qui ont c.**

la musique, une école, du café, des quilles, une carte, une barque, une corde, le calcul, quitter, un requin. ... /10

62 **Écris ces mots en ajoutant c ou qu.**

une bri...e, ...oudre, se mo...er, la ...uisine, un dis...e, une remar...e, une ...abane, cal...uler, se ...ouper, la ban...e. ... /10

63 **Écris en complétant par c ou par qu.**

la piste du cir...e	le ...arnaval de Nice
se mettre en ...olère	un enfant ...urieux
un bou...et de fleurs	une fla...e d'eau
un ...adeau de Noël	un outil très prati...e
se tenir en é...ilibre	une tartine de ...onfiture

... /10

AR

la musi**que**	une mar**que**	le cal**c**ul	une carte
une bri**que**	mar**qu**er	cal**c**uler	un carton

21 les mots avec ge, gi, gea, geo

OBSERVE

J'entends jjj…

une girafe	gi
un village	ge
l'orangeade	gea
un pigeon	geo

RETIENS

■ Pour avoir le son « j » de *je*, la lettre **g** doit toujours être suivie d'un **e** ou d'un **i** : *une girafe, l'orangeade.*

64 **Écris ces phrases en ajoutant g ou ge.**

Il est très sa…e. • Ce pi…on mange dans ma main. • Le chasseur tue le …ibier. • J'habite dans un petit villa…e. • Aimes-tu l'oran…ade ? … /5

65 **Écris ces phrases en ajoutant g ou ge.**

Voici une …erbe de fleurs. • Il suit un ré…ime. • Il est tombé dans le piè…e. • Ton …ilet a une tache. • Nous chan…ons de voiture. … /5

66 **Écris en complétant les verbes conjugués par g ou par ge.**

manger → Nous man…ons des fruits.
nager → Cet été, il na…ait beaucoup.
voyager → Tu voya…eras en train.
mélanger → Vous mélan…ez les cartes.
neiger → Il nei…ait souvent en hiver. … /5

PAR ❤ large · la marge · un nuage · le ménage · la neige

22 les mots avec **ce, ci, ça, ço, çu**

OBSERVE

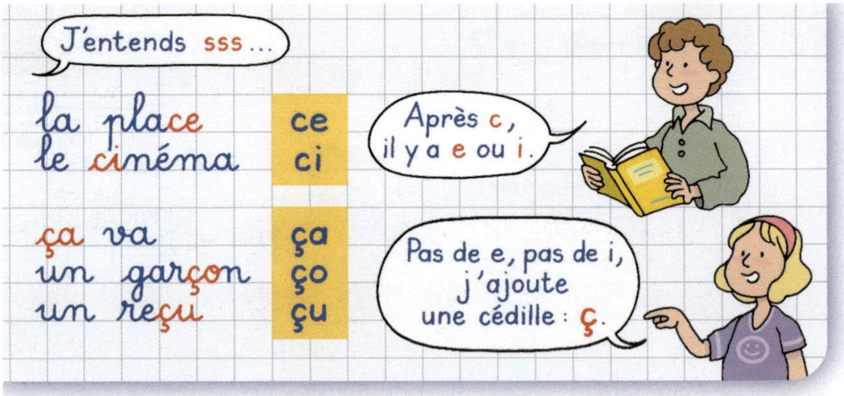

RETIENS

■ Pour avoir le son « **s** », la lettre **c** doit toujours être suivie d'un **e** ou d'un **i**. Quand elle n'est pas suivie d'un **e** ou d'un **i**, j'ajoute **une cédille** et j'écris **ç** : *un garçon*.

67 **Écris ces phrases en ajoutant c ou ç.**

La lima…e n'a pas de coquille. • Son père est ma…on. • C'est le mois de dé…embre. • Maria sait bien sa le…on. • Avec des pommes, on fabrique du …idre. … /5

68 **Écris ces phrases en ajoutant c ou ç.**

Le gla…on a fondu. • Voi…i mon frère. • Il est allé au …irque. • Elle peut la…er ses tennis. • José a fini son devoir de fran…ais. … /5

▸ **69** **Écris en complétant les verbes conjugués par c ou par ç.**

remplacer → Le maître a été rempla…é.
sucer → Elle su…ait un bonbon.
bercer → Nous ber…ons le bébé.
enfoncer → Il faut enfon…er ce clou.
recevoir → Il a re…u une lettre. … /5

AR ❤ un garçon   un **ci**tron   un melon   un bol   le col   le sol

23 le découpage en syllabes

OBSERVE

RETIENS

- Les mots peuvent se couper en **syllabes** : *sou-ris, ver-te.*
- Quand il y a deux fois la même lettre, je coupe en syllabes entre les deux lettres : *bal-lon.*

70 **Recopie ces mots en attachant les syllabes.**

Ex. : *cal-cu-ler* → *calculer.*

une jour-née, oc-to-bre, pro-pre, tom-ber, mer-cre-di, une cra-va-te, une ni-che, un pois-son, per-son-ne, re-gar-der.

... /10

71 **Coupe ces mots en syllabes.**

Ex. : *dimanche* → *di-man-che.*

une maladie, une maison, une balle, sauter, la terre, une planche, sage, tourner, une voiture, un biberon.

... /10

72 **Coupe ces mots en syllabes.**

une image, mardi, la confiture, solide, un meuble, suivre, une cheminée, un chasseur, un journal, une pomme.

... /10

PAR ❤

malade	copi**er**	tourn**er**	froi**d**
une malad**ie**	une cop**ie**	un tour	froide**ment**

24 les accents

OBSERVE

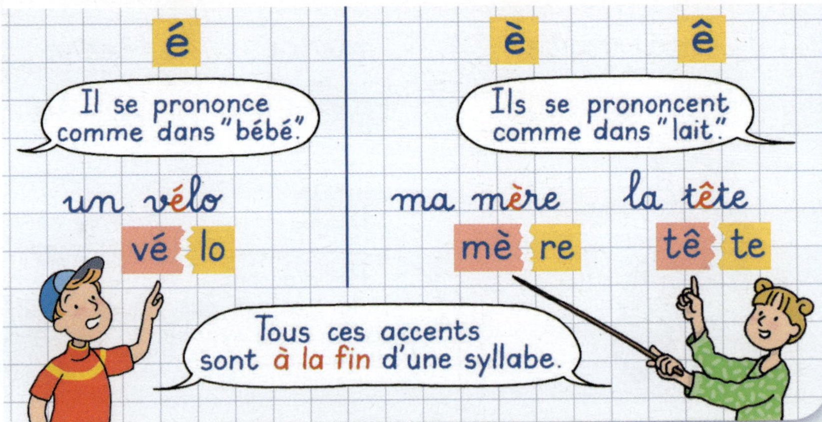

RETIENS

- **Les accents** sur le **e** montrent comment on prononce cette lettre.
- Il y a **l'accent aigu** (**é**) pour prononcer « **é** », comme dans *vélo*.
- Il y a **l'accent grave** (**è**) pour prononcer « **è** », comme dans *mère*, et **l'accent circonflexe** (**ê**), comme dans *tête*.

73 **Ajoute des accents aigus (é) ou graves (è).**

un velo, une riviere, un zebre, une ecole, mon pere, penible, une reponse, une vipere, ecouter, du cafe. ... /10

74 **Ajoute des accents aigus (é) ou circonflexes (ê).**

un m[illegible]ge, une tete, la fete, des legumes, une bete, une epine, une fenetre, zero, demonter, une peche. ... /10

75 **Ajoute les accents aigus ou graves qui manquent.**

une ecrevisse, une menagerie, ton frere, un tresor, les levres, une piece, un regime, un jeu agreable, une branche seche, eplucher. ... /10

PAR ❤

un v**é**lo	une ann**ée**	la m**è**re	la t**ê**te
un pr**é**	une chemin**ée**	le p**è**re	une f**ê**te

25 un accent ou pas d'accent

OBSERVE

RETIENS

- À la fin d'une syllabe, je mets un accent si le **e** se prononce « **è** » : *mè-re*.
- Quand un **e** qui se prononce « **è** » n'est pas à la fin de la syllabe, il n'a pas besoin d'accent : *mer-ci*.

76 **Écris les cinq mots où la lettre e se lit « è ».**

perdu, de l'eau, du sel, un enfant, une veste, petit, un escargot, une femme, une perle. ... /5

77 **Attache les syllabes et ajoute les accents graves qui manquent.**

un pie-ge • des lie-vres • une che-vre • une four-chet-te • une sou-pie-re • un mer-le • de l'her-be • fer-mons la porte • un pro-ble-me • mer-cre-di. ... /10

78 **Écris ces mots en ajoutant les accents qui manquent.**

une sorci**e**re, la l**e**cture, ch**e**rche, fid**e**le, le tr**e**fle, d**e**rri**e**re, le dir**e**cteur, une f**e**rme, un si**e**ge, le r**e**ste. ... /10

PAR ❤

la t**err**e	une p**er**le	vendre**di**	une fe**mm**e
un v**er**be	une p**er**sonne	same**di**	un ho**mm**e

26 les noms terminés par -ier, -ière

OBSERVE

RETIENS

- Beaucoup de noms se terminent par **-ier** ou **-ière** : *un pommier, une rivière.*
- Pour certains noms, **-ière** est le féminin de **-ier** : *un écolier → une écolière.*

79 **Voici des noms féminins. Écris leur masculin.**

Ex. : *une écolière → un écolier.*

une ouvrière, une sorcière, une caissière, la cuisinière, la pâtissière. ... /5

80 **Voici des noms masculins. Écris leur féminin.**

Ex. : *un cavalier → une cavalière.*

le premier, un épicier, un fermier, le charcutier, un infirmier. ... /5

81 **Écris en complétant par ier ou par ière.**

une sal..., le jardin..., une soup..., le singul..., un mét..., une riv..., du pap..., une port..., un sucr..., la lum... . ... /10

PAR ❤

une **é**cole	une ferme	une prune	une po**mme**
le prem**ier**	un ferm**ier**	un prun**ier**	une banane

27 les noms féminins terminés par **-ée, -té**

OBSERVE

une matin**ée**	une quali**té**
la soir**ée**	la propre**té**
une / la ——— **ée**	une / la ——— **té**

⚠ une clé, une dictée

RETIENS

- Beaucoup de noms féminins sont terminés par **é.e** : *une matinée, une soirée*. Sauf : *une clé*.
- Beaucoup de noms féminins sont terminés par **t.é** : *la santé, la propreté*. Sauf : *une dictée*.

82 **Écris ces noms en ajoutant ée ou té.**

la chemin…, la bon…, une poup…, une journ…, la rapidi…, une ann…, la beau…, une bouch…, de la pur…, une quali… .

… /10

83 **Écris ces noms en ajoutant ée ou té.**

la fum…, la ros…, la volon…, une id…, une soir…, la sale…, une f…, une entr…, la san…, la pauvre… .

… /10

84 **Écris ces noms en ajoutant ée, té ou é.**

une all…, de la chicor…, la liber…, l'utili…, une dict…, une poign…, la solidi…, l'arm…, une cl…, une pens… .

… /10

PAR ❤

un chemin	le matin	la bouche	p**au**vre
le coude	la matin**ée**	une bouch**ée**	une carafe

28 les mots terminés par -elle, -ette, -esse

OBSERVE

RETIENS

- Beaucoup de mots féminins sont terminés par **-elle**, **-ette** ou **-esse** : *une échelle, une cachette, une adresse.*

85 **Écris en complétant par elle ou par ette.**

une b… maison • mademois… • une brou… • un râteau et une p… • une cach… • une rond… • une viol… • une poub… • une bagu… • une éch… . … /10

86 **Écris en complétant par ette ou par esse.**

une maisonn… • une princ… • mon adr… • une nois… • la polit… • une poch… • une tr… dans les cheveux • une mou… • une paire de lun…s • la vit… . … /10

87 **Écris en complétant par elle, par ette ou par esse.**

une assi… • la rich… • de la dent… • des mi…s de pain • des chauss…s • tenir une prom… • un bout de fic… • une car… • faire sa toil… • la sem… des chaussures. … /10

AR ♥ vite   riche   mi**di**   le moi**s** de mar**s**   oui, non

29 les noms terminés par -oir, -oire

OBSERVE

RETIENS

- Au masculin, les noms terminés par le son « **oir** » s'écrivent souvent **o.i.r.** : *un mouchoir.*
- Au féminin, les noms terminés par le son « **oir** » s'écrivent toujours **o.i.r.e.** : *une poire.*

88 **Écris ces mots en ajoutant un ou une.**

mouchoir	foire	dortoir	trottoir	nageoire
devoir	miroir	armoire	séchoir	balançoire

... /10

89 **Écris en complétant par oir ou par oire.**

C'est le s... . • Il y a un lavabo et une baign... . •
Elle a de la mém... . • Mamie me raconte une hist... . •
Papa se rase avec un ras... .

... /5

90 **Écris en complétant par oir ou par oire.**

Il a gagné : on fête sa vict... . • Il arrose avec ton arros... . •
Ma commode a trois tir...s. • Cette pass... est en plastique. •
La porte s'ouvre sur un long coul... .

... /5

PAR ❤

une poi**re**	le soir	une **é**ponge	une porte
une armoi**re**	un devoir	un **élè**ve	une tulipe

30 la ponctuation

OBSERVE

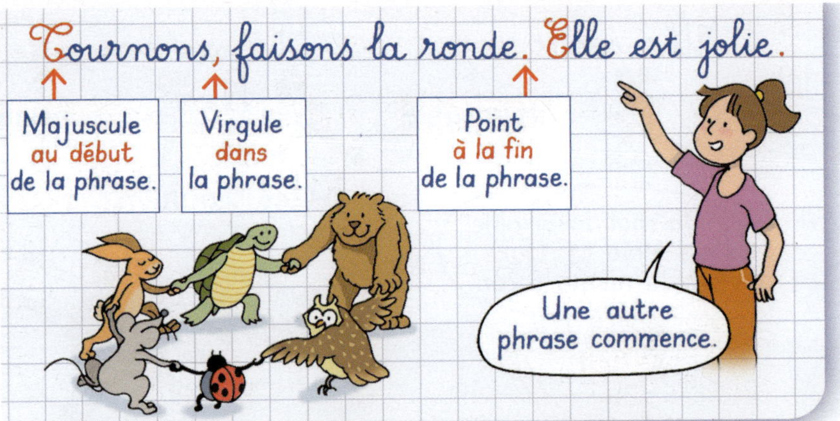

RETIENS

- Une phrase commence par **une lettre majuscule** et se termine par **un point**. Après un point, on écrit une majuscule.
- Dans une phrase, quand on s'arrête un peu, on met **une virgule**.

91 Ajoute les majuscules et les points qui manquent.

elle va faire du judo	la soupe est très chaude
mon chien aime les os	j'ai un livre de lecture
ils boivent du lait	

... /5

92 Recopie en ajoutant les majuscules qui manquent.

il pleut. la vache n'est pas contente. on l'a laissée à l'étable. elle veut aller dans le pré. donne-lui un parapluie ! ... /5

▸ 93 Remplace chaque carré par un point ou par une virgule.

Mélanie enfile ses bottes ■ met son manteau et prend son cartable ■ Julie l'attend dans la rue ■ Ce matin ■ c'est la rentrée des classes ■ ... /5

AR ❤

un chien	un cha**t**	une mot**o**	un lavab**o**
une chie**nne**	une cha**tte**	le jud**o**	une **o**live

31 les mots invariables

OBSERVE

RETIENS

- Un mot **invariable** est un mot qui **ne change jamais** d'orthographe. Il n'a pas de féminin, ni de pluriel.
- J'apprends les mots invariables pas cœur.

94 **Complète avec les mots sur fond bleu.**

PAR ❤

dans	Mina n'aime ... le chou.
pas	Trois vient juste ... deux.
mais	Le chat s'est caché ... la table.
après	Mon mouchoir est ... ma poche.
sous	Il fait froid, ... j'ai un anorak très chaud.

... /5

95 **Complète avec les mots sur fond bleu.**

PAR ❤

sur	... mon frère.
pour	Le matin, il part pour l'école ... moi.
voici	Il est petit. Je dois ... l'aider à s'habiller.
avec	Maman lui met son foulard ... le nez
donc	... qu'il ne s'enrhume pas.

... /5

96 **Complète avec les mots sur fond bleu.**

PAR ❤

fois
trois
deux
rien
vite

Viens … , nous sommes en retard.
Non, je ne veux … .
La dernière … , il n'est pas venu.
J'ai compté : un, … , … .

… /5

97 **Complète avec les mots sur fond bleu.**

PAR ❤

en
par
près
plus
puis

Capucine regarde … la fenêtre.
Elle s'est assise … de moi.
Bientôt, nous partirons … vacances.
Réfléchissez, … écrivez la réponse.
Elle venait, maintenant elle ne vient … .

… /5

98 **Complète avec les mots sur fond bleu.**

PAR ❤

combien
autour
contre
entre
demain

Je cours … de la place.
Je passe … les arbres.
La cloche sonne, nous jouerons … .
Elle appuie son vélo … le mur.
Je ne sais pas … il y en a.

… /5

99 **Complète avec les mots sur fond bleu.**

PAR ❤

car
bien
quoi
comme
encore

De … avez-vous parlé ?
En veux-tu … un peu ?
Antoine a très … travaillé.
Elle prend le bus … elle habite loin.
Carole a une poupée … la tienne.

… /5

32 il est, ils sont

OBSERVE

RETIENS

- **est**, c'est le verbe **être** au présent, à la 3e personne du singulier : *il est, elle est, on est.*
- **sont**, c'est le verbe **être** au présent, à la 3e personne du pluriel : *ils sont, elles sont.*

100 **Écris les cinq phrases possibles. N'oublie pas la ponctuation.**
Ex. : *La famille est réunie.*

mon ballon - le canari la confiture - le feu l'armoire - *la famille*	**est**	jaune - sucrée *réunie* - chaud haute - rond

... /5

101 **Écris les cinq phrases possibles. N'oublie pas la ponctuation.**
Ex. : *Les avions sont rapides.*

les boutons les lionnes - *les avions* les balcons - les tartes les camions	**sont**	*rapides* cousus - cuites arrêtés - fleuris endormies

... /5

PAR ❤

un d**é**	un cr**i**	le feu	un mur
un ét**é**	un canar**i**	un **fl**euve	le futur

33 il a, ils ont

OBSERVE

Rémi **a** *un chat. Mélanie* **a** *un chien.*
Ils **ont** *aussi des oiseaux.*

il	a	ils	ont
elle	a	elles	ont
on	a		
avoir		**avoir**	

RETIENS

- **a**, c'est le verbe **avoir** au présent, à la 3ᵉ personne du singulier : *il a, elle a, on a.*
- **ont**, c'est le verbe **avoir** au présent, à la 3ᵉ personne du pluriel : *ils ont, elles ont.*

102 **Écris les cinq phrases possibles. N'oublie pas la ponctuation.**
Ex. : *Son père a une barbe.*

mon vélo - *son père*	**a**	des chatons - des pétales
la rose - la voiture		deux roues - une coquille
l'escargot - sa chatte		*une barbe* - un moteur

... /5

103 **Écris les cinq phrases possibles. N'oublie pas la ponctuation.**
Ex. : *Les maisons ont un toit.*

les maisons	**ont**	des plumes
les arbres - les églises		*un toit* - un fusil
ses robes - les oiseaux		des branches
les chasseurs		un col - un clocher

... /5

AR ❤

revoir	la fum**ée**	l'**é**criture	une **é**tude
pouvoir	une poup**ée**	une **é**gli**s**e	une boule

34 son, sa, ses

OBSERVE

Regarde son os, sa niche et ses puces ! (à lui)

MASCULIN	FÉMININ	PLURIEL
un os	une niche	des puces
son os	sa niche	ses puces

⚠ une assiette → son assiette (voyelle)

RETIENS

- **son** et **sa** vont toujours avec un nom au **singulier** ; **son** veut dire **le sien**, **sa** veut dire **la sienne** : *son os, sa niche.*
- **ses** va toujours avec un nom au **pluriel** ; **ses** veut dire **les siens** ou **les siennes** : *ses puces.*

104 **Remplace un, une ou des par son, sa ou ses.**

une rose	une maison	des canaris	une chambre
un chien	un costume	des cahiers	une école
une tasse	des plantes		

... /10

105 **Remplace son, sa ou ses par un, une ou des.**

sa tartine	son auto	ses bonbons	ses jouets	son bol
son chalet	sa barbe	ses animaux	son torchon	sa tête

... /10

106 **Écris en complétant par son, sa ou ses.**

Elle a mis ... jupe rouge. • ... frères s'appellent Jean et Alex. • Tous ... livres tiennent dans ... cartable. • ... problème est juste.

... /5

PAR ❤ une ro**se** une pl**ante** un pilote un co**st**ume une pi**ste**

35 et / ou

OBSERVE

RETIENS

- Quand j'écris **et**, j'écris que j'ajoute quelque chose :
  un vélo et un casque → *un vélo* **et puis** *un casque.*
- Quand j'écris **ou**, j'écris que je choisis entre deux choses :
  un robot ou une fusée → *un robot* **ou bien** *une fusée.*

107 **Écris en complétant par et puis ou par ou bien.**

J'ai une tortue … un chat. • Il a deux ours : un noir … un roux. • Choisis : un vélo … une moto. • La pie a un bec … des plumes. • Préfères-tu une tarte … un fruit ? … /5

108 **Écris en complétant par et ou par ou.**

S'appelle-t-il Léo … Louis ? • J'aime les poires … les prunes. • Il a été malade deux jours : lundi … mardi. • Je veux du pain … du beurre, … bien je ne mange rien. … /5

109 **Écris en complétant par et ou par ou.**

Il a un frère … une sœur. • Iras-tu en avion … en train ? • Nabil … David sont mes copains. • Maman a servi la viande … les légumes. • Mets tes souliers … tes bottes. … /5

36 où / à

OBSERVE

RETIENS

- **où** (avec accent) indique souvent un endroit :
  *À quel endroit va-t-il ? → **Où** va-t-il ?*
- **à** (avec accent) indique souvent un endroit ou un moment :
  *à quel endroit ? → **à** l'école ; à quel moment ? → **à** midi.*

110 Trouve la bonne réponse à chaque question.

Ex. : *Où acheter du pain ? → à la boulangerie.*

Où acheter du pain ?	à dix heures
Où habites-tu ?	à la tête
À qui pense Raphaël ?	à la campagne
Où as-tu mal ?	à la boulangerie
Quand les feuilles tombent-elles ?	à son ami
Quand viendras-tu me voir ?	à l'automne

... /5

111 Écris en complétant par à ou par où.

Isabelle habite ... Nantes. • D'... vient ce miel ? • ... se trouve la salle de sport ? Elle est ... côté de la mairie. • Mamie ne savait plus ... elle avait acheté ses tasses.

... /5

PAR ❤ avoir mal — un enfan**t** — le c**œ**ur — un **œ**uf — une s**œ**ur

37 et / est

OBSERVE

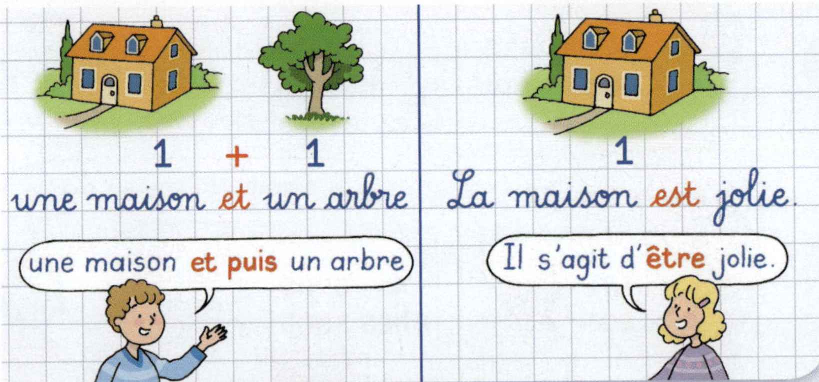

RETIENS

- **et** indique que j'ajoute quelque chose :
  une maison et un arbre → *une maison* **et puis** *un arbre.*
- Quand j'écris **est**, j'écris le verbe **être** : *La maison est jolie.*

112 **Écris en ajoutant et ou est.**

J'ai un lit … une table. Ce lit … en bois. Pic … Puce jouent.

La poule … un gros oiseau. Il y a des bananes … des poires.

… /5

113 **Écris en ajoutant et ou est.**

Je mange du pain … de la confiture. • Je couvre mes livres … mes cahiers. • Le directeur … venu en classe. • Avant de traverser, regarde bien à droite … à gauche. • La voiture de mon oncle … en panne.

… /5

PAR ❤ un torchon — une tort**ue** — une r**ue** — une poule — la foule

38 son / sont

OBSERVE

RETIENS

- **son** accompagne toujours un nom au singulier.
  Il veut dire **le sien** : *son livre.*
- **sont**, c'est le verbe **être** au présent, à la 3e personne du pluriel : *Ils sont en classe* (Il s'agit d'*être en classe*).

114 **Écris en ajoutant son ou sont.**

Voici … père. Elle pense à … chien. Ils … contents.

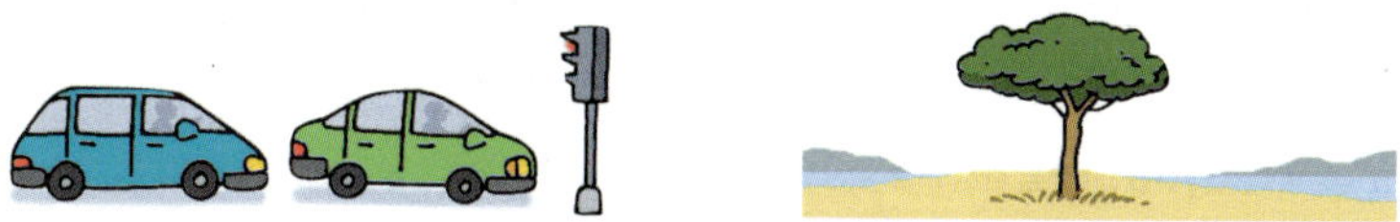

Les voitures … arrêtées. C'est … arbre préféré. … /5

115 **Écris en ajoutant son ou sont.**

Le soir, les rues … calmes. • C'est … sac ou c'est le tien ? • Mon petit frère a bu … lait. • Les images … dans le tiroir. • … timbre est mal collé. … /5

39 a / à

OBSERVE

RETIENS

- **a** est le verbe **avoir** au présent, à la 3e personne du singulier. **a** peut être conjugué avec un verbe : *il a bu (avoir bu).*
- **à** (avec accent) est un petit mot invariable (comme *dans, pour, de, en, par, sur…*).

116 **Écris les expressions construites avec avoir.**

Ex. : *Bébé a un biberon.* → *avoir un biberon.*

Julien a un lapin. • Il a une moto rouge. • La branche a cassé. • Ma jupe a des plis. • Elle a du courage. … /5

117 **Écris en ajoutant a (avoir) ou à.**

Clara … aimé le gâteau. • Voici une armoire … linge. • Tourne … droite, puis … gauche. • Samia … chanté. … /5

▸ **118** **Écris en ajoutant a (avoir) ou à.**

La pomme … des pépins. • On … mangé … la cantine. • C'est une planche … roulettes. • Elle … demandé … boire. • Veux-tu jouer … la marelle ? • Une semaine … sept jours. • Il … épluché les oranges. • La rose … des épines. … /10

AR ❤ un arti**cle** une li**ste** une f**ée** une dict**ée**

40 ce, cette, ces

OBSERVE

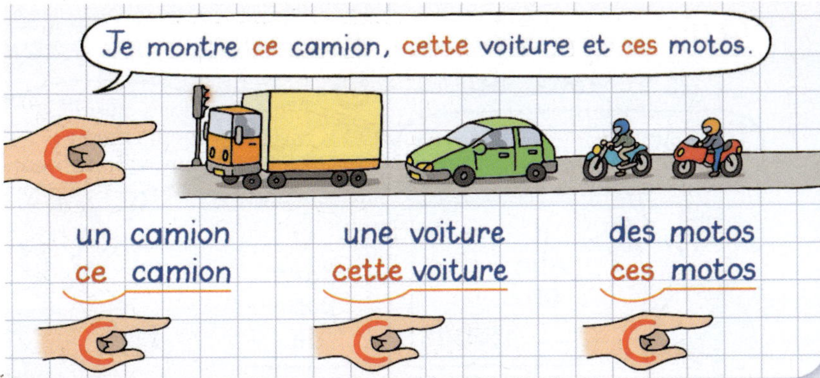

RETIENS

- **ce**, **cette**, **ces** servent à dire que l'on montre.
- **ce** va avec un nom **masculin singulier** : ce *camion*.
- **cette** va avec un nom **féminin singulier** : *cette voiture*.
- **ces** va avec un nom au **pluriel** : ces *motos*.

119 **Remplace ce, cette, ces par un, une, des.**

Ex. : *ce camion* → *un camion.*

ce mouton, ces devoirs, cette biche, ce nuage, cette fleur.

... /5

120 **Remplace un, une, des par ce, cette, ces.**

un carton, une brique, une bobine, des croix, des élèves, un chemin, une dictée, des chansons, un pilote, un livre.

... /10

▸ **121** **Écris en ajoutant ce, cette ou ces.**

Il faut faire ... devoir. • J'aime bien ... couleur. • Rends-moi ... pions. • ... lit est très grand. • Veux-tu mettre ... jupe ? • Donnez-moi ... tranche de melon. • ... garçon est sage. • ... roses sentent bon. • Je trouve que ... valises sont lourdes. • J'ai recopié ... liste.

... /10

PAR ❤ un or**dre** une **auto** une sem**ai**ne bon**jour**

41 cet, cette

OBSERVE

RETIENS

- J'écris **cet** avant un nom masculin singulier, quand ce nom commence par **une voyelle** ou **un h muet** : *cet oiseau, cet homme.*
- J'écris **cette** avant un nom féminin singulier : *cette pie.*

122 Remplace cet ou cette par un ou une.

Ex. : *cet oiseau → un oiseau.*

cet homme, cette usine, cette voiture, cet enfant, cet arbre. ... /5

123 Remplace un ou une par cet ou cette.

Ex. : *une poule → cette poule.*

un ami, une personne, un ordre, un avion, une semaine. ... /5

▸ 124 Écris en ajoutant cet ou cette.

Donne ... os au chien. • ... robe est jolie. • ... animal n'est pas méchant. • L'hiver est froid ... année. • ... plage est propre. • Comme ... âne est têtu ! • ... orage menace la vigne. • ... escalier mène à la cave. • Où va ... autobus ? • Je choisis ... image. ... /10

AR ♥

une coupe	une marche	un o**s**	une cave
couper	marcher	un a**s**	une cage

42 se, s’

OBSERVE

RETIENS

- **se** fait partie d’un verbe. Quand j’écris *elle se lève*, j’écris le verbe ***se lever***.
- J’écris **s’** (s apostrophe) quand le verbe commence par une voyelle : *elle s’amuse* (verbe ***s’amuser***).

125 **Pour chaque phrase, écris le verbe avec se.**

Ex. : *Mélanie se lève.* → *se lever.*

Christophe se lave les mains. • On se cachera dans le bois. • Ils se retrouvent en famille. • Elle se penche par la fenêtre. • Il se brosse les cheveux. ... /5

126 **Pour chaque phrase, écris le verbe avec se.**

L’histoire se passe à Paris. • Elle se mouche en faisant du bruit. • Il se croit fort. • Le château se visite jusqu’à six heures. • Lisa se rend à la gare. ... /5

127 **Écris en ajoutant se ou s’.**

Cette voiture ... conduit facilement. • Cette maison ... loue cher. • Bébé ... endort vite. • Il ... retient de rire. • La porte ... ouvre toute seule. ... /5

PAR ❤ cacher chercher trouver se lever se coucher

43 on

OBSERVE

RETIENS

■ **on** est un pronom de la conjugaison pour la troisième personne du singulier, comme **il** ou **elle** : *il chante, elle chante, on chante.*

128 **Écris en ajoutant il, elle ou on.**

... /5

129 **Écris en ajoutant il, elle ou on.**

... /5

44 on / ont

OBSERVE

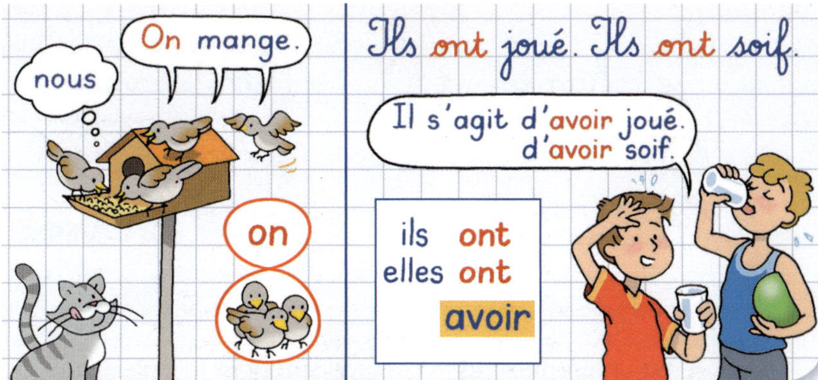

RETIENS

- **on** est un pronom personnel, comme **il** ou **elle** : *on mange.*
- **ont**, c'est la 3e personne du pluriel du verbe **avoir** : *ils ont soif.*

130 **Écris en ajoutant on ou ont.**

… /5

131 **Écris l'expression avec avoir qui est cachée dans chaque phrase.**

Ex. : *Ils ont joué au ballon. → avoir joué.*

Elles ont vu un film. • Les élèves ont décoré la classe. • Julie et sa sœur ont démonté leurs vélos. • Les chats ont des moustaches. • Les gardiens ont fermé la porte. … /5

PAR ❤ petit pénible un moulin une mouche un bouton

45 le pluriel des petits mots

OBSERVE

RETIENS

- Les petits mots **les**, **des**, **mes**, **tes**, **ses**, **ces**, **nos**, **vos**, **leurs** vont toujours avec un nom au pluriel : *mes vaches, tes vaches, ses vaches…*

132 **Écris en complétant les petits mots.**

L… élèves sont dans la cour. • Leur… amis m'ont invité. • Je regarde m… mains. • C… oiseaux sont d… cigognes. … /5

133 **Écris en complétant les petits mots.**

Avez-vous vu leur… ballons rouges ? • C… arbres sont des pommiers. • T… valises sont dans la voiture. • J'ai fait tomber m… cartes. • Elle joue avec n… poupées. … /5

134 **Remplace chaque mot souligné par un petit mot du tableau de la règle. Aide-toi de ce qui est entre parenthèses.**

Elle a repris des perles *(les siennes)* ! • Rends-moi les billes *(qui sont à moi)*. • As-tu fini les devoirs *(les tiens)* ? • Nous partirons avec les enfants *(les nôtres)*. • Mettrez-vous les tennis *(que vous venez d'acheter)* ? … /5

46 le pluriel des noms : s

OBSERVE

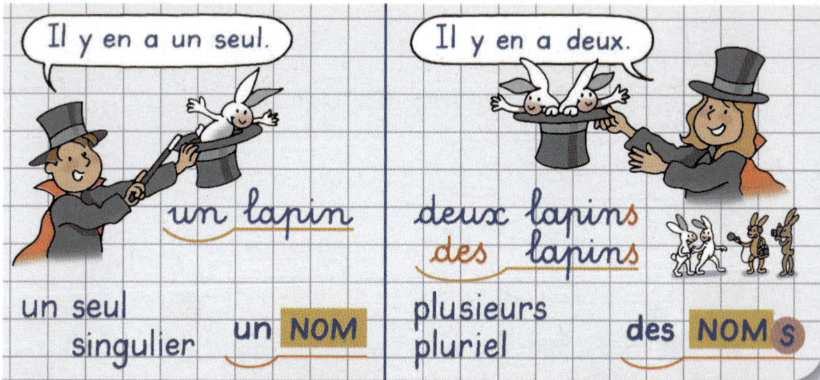

RETIENS

- Un nom est au **singulier** quand il désigne une seule personne, un seul animal ou une seule chose : *un lapin*.
- Un nom est au **pluriel** quand il désigne plusieurs personnes, plusieurs animaux ou plusieurs choses. Au pluriel, on ajoute un **s** à la fin du nom : *des lapins*.

135 Complète par le pluriel, si c'est nécessaire.

 des chat…
 des arbre…
 une vache…
 les cloche…
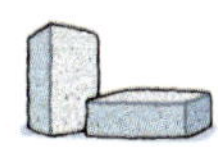 deux sucre…

 mon poisson…
 trois œuf…
 mes fille…
 un avion…
 ces voiture…

… / 10

136 Écris ces noms au pluriel.

Ex. : *un lapin* → ***des*** *lapin**s***.

une salade, un lion, un nuage, une famille, une courge, une statue, un lacet, un chemin, un poulet, un nid.

… / 10

PAR ❤ une salade une courge une ta**bl**e le sa**bl**e une **st**atue

47 le pluriel des noms : x

OBSERVE

RETIENS

- Un nom terminé au singulier par **-al** s'écrit en général **a.u.x** au pluriel : *un cheval, des chevaux.*
- Un nom terminé par **-eau** (**e.a.u**) s'écrit toujours **e.a.u.x** au pluriel : *un oiseau, des oiseau**x**.*

137 Choisis entre aux et eaux pour compléter ces noms.

un chapeau → des chap…
un journal → des journ…
un gâteau → des gât…
un animal → des anim…
un bureau → des bur…

… /5

138 Écris ces noms au singulier.

Ex. : *des chevaux* → ***un*** *cheval.*

des bateaux, des signaux, des morceaux, des drapeaux, des métaux, des cadeaux, des locaux, des corbeaux, des hôpitaux, des agneaux.

… /10

139 Écris ces noms au pluriel.

Ex. : *un oiseau* → ***des*** *oiseau**x**.*

un tableau, un canal, un seau, le cristal, un moineau, un chameau, un bocal, un poireau, un veau, un rideau.

… /10

AR ♥ un journal un cheval un animal un bonbon le **fr**omage

48 le féminin des noms

OBSERVE

RETIENS

- Un nom est **féminin** si je peux le dire avec **une** :
  une fille, une lionne, une table.
- Un nom est **masculin** si je peux le dire avec **un** :
  un garçon, un lion, un lit.

140 **Ajoute un ou une, puis écris ces noms en séparant ceux qui sont au masculin et ceux qui sont au féminin.**

potage, carton, page, bouton, chanson, sapin, auto, dé, cravate, chemise. ... /10

141 **Trouve le féminin de ces noms.**

Ex. : *le lion → la lionne.*

un chat, un homme, le père, un coq, le frère. ... /5

142 **Trouve le masculin de ces noms.**

Ex. : *la fille → le garçon.*

une chanteuse, une directrice, une aviatrice, une guenon, une chienne. ... /5

PAR ❤ le monde · la nature · le roi · la reine · le facteur

49 le féminin des adjectifs

OBSERVE

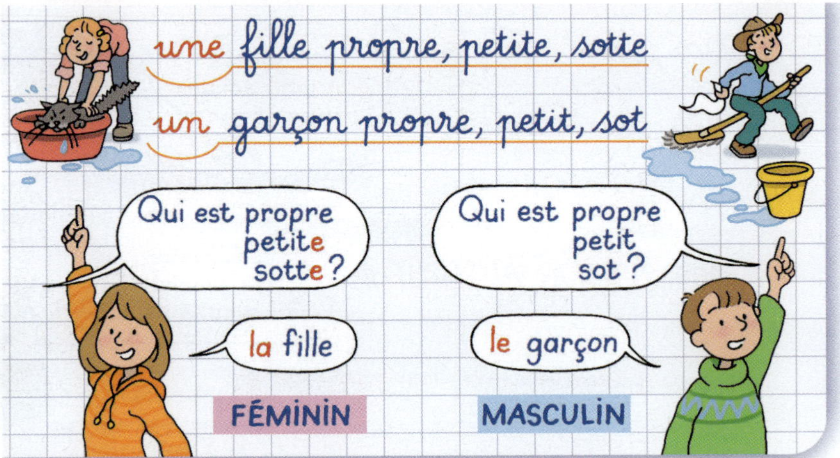

RETIENS

- **L'adjectif** accompagne le nom. Il dit ***comment est*** une personne, un animal ou une chose : *un garçon **qui est** petit.*
- **Au féminin**, un adjectif se termine toujours par un **e** : *une fille **qui est** petite.*

143 **Écris le masculin de ces adjectifs.**

Ex. : *elle est sotte → il est sot.*

Elle est rouge, grosse, polie, grande, sage, malade, jolie, froide, solide, triste.

... /10

144 **Écris le féminin de ces adjectifs.**

Ex. : *il est petit → elle est petite.*

Il est droit, bon, lourd, content, méchant, sec, chaud, libre, large, premier.

... /10

145 **Écris le féminin de ces adjectifs.**

Il est juste, noir, riche, gris, dur, mort, blanc, bas, rond, haut.

... /10

AR ❤ **tr**iste a**gr**éable une **cr**avate une **pl**ume une chanson

50 le pluriel des adjectifs

OBSERVE

un jouet solide

des jouets solides

des NOM**s** ADJECTIF**s**

⚠ un gros jouet ⟶ des gros jouets

RETIENS

■ Quand le nom est au **pluriel**, l'adjectif se termine par un **s** : ***des** jouet**s** solide**s**.*

146 **Écris au singulier.**

Ex. : *des jouets solides* → ***un** jouet solide.*

des enfants sages • des boules dorées • des portes fermées • des jupes roses • des biscuits secs. ... /5

147 **Écris au pluriel.**

Ex. : *une tarte chaude* → ***des** tarte**s** chaude**s**.*

une personne agréable • un gros poisson • un grand arbre • une robe rouge • une histoire drôle. ... /5

148 **Écris au pluriel.**

un pantalon propre • une jolie voiture • une opération juste • une perle blanche • un homme libre • un fruit mûr • une journée pénible • une fourchette pointue • une belle image • un livre neuf. ... /10

PAR ❤ **br**ave · un li**vr**e · rose · une jou**r**née · une fou**r**chette

51 l'accord des adjectifs

OBSERVE

RETIENS

- L'adjectif s'accorde toujours avec le nom :
  – au **masculin pluriel**, l'adjectif se termine par un **s**.
  – au **féminin singulier**, il se termine par un **e**.
  – au **féminin pluriel**, il se termine par **es**.

149 Accorde les adjectifs avec les noms.

un homme *grand*	un bol *bleu*
des hommes grand...	une tasse bleu...
une femme grand...	des tasses bleu...
des femmes grand...	

... /5

150 Écris chaque nom avec le bon adjectif sur fond bleu.

Ex. : *une prune* → *vert**e*** : *une prune verte.*

une prune	vert	des tartes	sucré
une pomme	vert**s**	un melon	sucré**s**
des raisins	vert**e**	des fruits	sucré**e**
des bananes	vert**es**	du miel	sucré**es**
un abricot		une poire	
des oranges			

... /10

AR une fleur un sapin la vigne une ville un village

52 l'accord avec « ce qui est »

OBSERVE

Mélanie est allée à la fête.

Les ballons, bien gonflés,

montent dans le ciel.

Qui est allé ?

C'est Mélanie qui est allée.

Qu'est-ce qui est gonflé ?

Ce sont les ballons qui sont gonflés.

MASCULIN	singulier →	
	pluriel →	s
FÉMININ	singulier →	e
	pluriel →	es

RETIENS

■ Quand j'écris, je pense toujours à ***qui est*** ou à ***ce qui est*** pour accorder : *qui est allé ? (**Mélanie** est allé**e**) ; qu'est-ce qui est gonflé ? (**les ballons** sont gonflé**s**).*

151 Réponds aux questions pour bien accorder.

- Ma robe est bleu… . (Qu'est-ce *qui est* bleu ?)
- Nos grands-parents sont venu… . (*Qui est* venu ?)
- Nadia, amusé…, regarde le clown. (*Qui est* amusé ?)
- Mon père est très sportif… . (*Qui est* sportif ?)
- Les oiseaux sont parti… . (*Qui est* parti ?)

… /5

152 Réponds aux questions pour bien accorder.

- Les assiettes sont chaud… . (Qu'est-ce *qui est* chaud ?)
- Pauline était rentré… à minuit. (*Qui est* rentré ?)
- Fatigué…, elle s'est couché… tout de suite. (*Qui est* fatigué ? *Qui est* couché ?)
- Les oranges que j'ai mangé… étaient juteuses. (Qu'est-ce *qui est* mangé ?)

… /5

PAR ♥ même   le toit   un pantin   une planche   une orange

53 le pluriel des verbes

OBSERVE

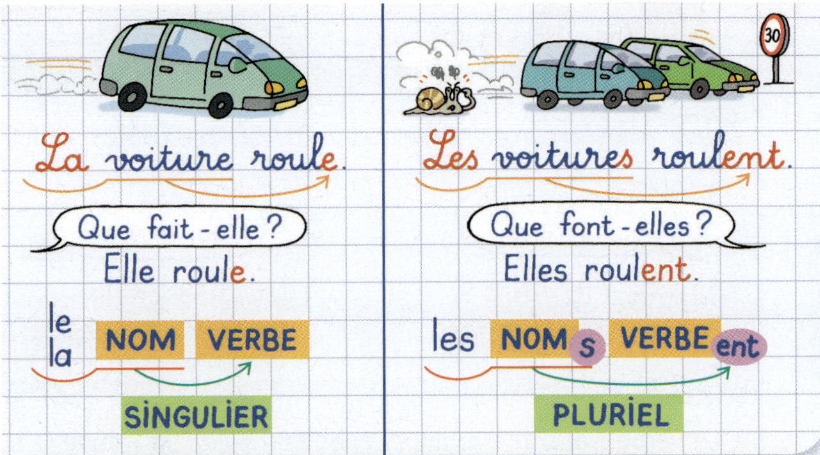

RETIENS

- J'écris un **s** à la fin d'un nom qui est au pluriel : *les voitures*.
- J'écris **ent** (**e.n.t**) à la fin d'un verbe qui est à la troisième personne du pluriel : *les voitures roulent*.

153 Au singulier, ajoute e aux verbes. Au pluriel, ajoute ent.

Les enfants jou... . • Ma poupée march... . • La pluie tomb... . • Les chevaux rentr... . • Des artistes chant... . ... /5

154 Au singulier, ajoute e aux verbes. Au pluriel, ajoute ent.

Le cochon grogn... . • L'eau coul... . • Des chats dorm... au soleil. • Ils viv... dans un chalet. • Les rats aim... le fromage. ... /5

155 Ajoute s aux noms et nt aux verbes.

Ces chiens monte... bien la garde. • Elles cherche... leurs botte... . • Les joueur... ont marqué trois but... . • Les chemise... pende... dans le placard. • Les voisin... récolte... des olive... . ... /10

PAR ❤ un cochon   un **é**levage   une **é**table   un chal**et**   une rev**ue**

54 l'accord sujet-verbe (1)

OBSERVE

RETIENS

■ Le verbe s'accorde toujours avec son sujet. Je trouve le sujet en cherchant ***qui est-ce qui… ?***.
Qui est-ce qui *attend ? Ce sont les personnes.*

156 Écris chaque sujet avec le bon verbe.

Les chiens Le cheval Le mouton La vache Les lions	mange. mangent.	L'artiste Les garçons Le maçon Les filles La directrice	chante. chantent.

… /10

157 Complète en accordant chaque verbe avec son sujet.

Le jardinier pioch… la terre. • Paul dessin… avec un feutre. • Les brioches dor… dans le four. • Mes cousins vienn… ce soir. • En automne, les feuilles tomb… .

… /5

158 Complète en accordant chaque verbe avec son sujet.

Ils travaill… à l'usine. • Elle écout… des chansons. • Elles saut… à la corde. • La sueur coul… sur son front. • Les chats dorm… sur le canapé.

… /5

PAR ❤ un arti**st**e un ma**ç**on le caf**é** le bl**é** un canap**é**

55 l'accord sujet-verbe (2)

OBSERVE

RETIENS

- Le verbe s'accorde toujours avec son sujet :
  – quand il y a un sujet au singulier, le verbe est au singulier ;
  – quand il y a deux sujets au singulier, le verbe est au pluriel.

159 Écris chaque sujet avec le bon verbe.

Julie Éva et Alex Tom et Léo Hugo Lisa et Zoé	joue. jouent.	La pie et le merle Le moineau Le coq et la poule La dinde et le coq Le corbeau	picore. picorent.

... /10

160 Souligne les sujets dans ces phrases.

L'éponge se trouve sous le lavabo. • Le roi et la reine saluent la foule. • Martin aime les poires, Tom et Jean préfèrent les pommes. • Maman et papa se lèvent tôt. ... /5

161 Écris les phrases en accordant les verbes.

Élisa et Léana partag... leur goûter. • Son chien et sa chienne aboi... quand j'arrive. • Ma voisine parl... trop. • La cane et ses canetons se dirig... vers la mare. • Mon cousin rest... avec nous. ... /5

56 l'infinitif

OBSERVE

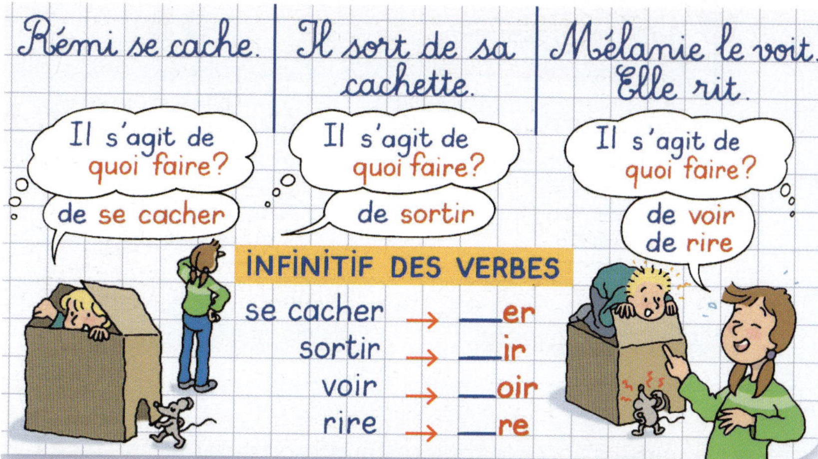

RETIENS

- Un verbe a toujours un **infinitif**. Je le trouve en me demandant : ***il s'agit de quoi faire ?***
  Il se cache → il s'agit ***de quoi faire*** ? de se cacher.
  Il sort → il s'agit ***de quoi faire*** ? de sortir.

162 **Trouve l'infinitif des verbes en écriture penchée.**

Nicolas *finit* son devoir. • Le chien *prend* l'os. • Maman *coupe* la viande. • Nous *marchons* vite. • Je *boirai* du jus de pomme. ... /5

163 **Trouve l'infinitif des verbes en écriture penchée.**

Ils *dormiront* sous une tente. • Les filles *sautent* à la corde. • Je te *rends* ton livre. • Est-ce que tu *fais* ton lit ? • La neige *tombe*. ... /5

164 **Dans un livre, trouve cinq verbes qui se terminent par -er à l'infinitif, et cinq verbes qui se terminent par -ir ou par -oir à l'infinitif.** ... /10

PAR ❤

une sort**ie**	la suite	le reste	nei**ger**
sortir	suivre	rester	man**ger**

57 la première personne

OBSERVE

RETIENS

- Un verbe peut se conjuguer à la 1re personne du singulier (**je**) et à la 1re personne du pluriel (**nous**).

165 **Écris en complétant par je ou par nous.**

... /5

166 **Écris en complétant par je ou par nous.**

- « Vite ! crie maman à Jules. ... allons être en retard. »
- « ... reviens dans dix minutes, dit Victor, et ... jouerons au ballon. »
- « ... me regarde dans le miroir, dit la reine, car ... suis la plus belle. »

... /5

AR entr**er** rentr**er** reven**ir** deven**ir** boi**re**

58 la deuxième personne

OBSERVE

RETIENS

- Un verbe peut se conjuguer à la 2e personne du singulier (**tu**) et à la 2e personne du pluriel (**vous**).

167 **Écris en complétant par tu ou par vous.**

… /5

168 **Écris en complétant par tu ou par vous.**

- « … devez m'attendre ici », dit Caroline à ses amies.
- Justine m'a demandé : « Combien as-… de frères ? »
- « Chez le boulanger, … achèterez des brioches », dit maman aux deux garçons.
- « Qu'est-ce que … fais ? demande Arthur à Antoine. … as perdu quelque chose ? »

… /5

59 la troisième personne

OBSERVE

RETIENS

■ Un verbe peut se conjuguer à la 3e personne du singulier (**il**, **elle** ou **on**) et à la 3e personne du pluriel (**ils** ou **elles**).

169 Remplace les mots penchés par il, elle, ils ou elles.

Ex. : *Ma fille lit* → *Elle lit.*

Le soleil brille. • *Les cheminées* fument. • *Les oiseaux* chantent. • *Ton citron* est pressé. • *Ma poupée* pleure. ... /5

170 Remplace les mots penchés par il, elle, ils ou elles.

Papa et maman travaillent. • *La classe* commence. • *Ce fromage* est bon. • *Madame Martin et madame Dubois* vont au marché. • *Le mariage* aura lieu demain. ... /5

▸171 Réécris les phrases en utilisant les noms sur fond bleu.

Ex. : *Elle crie.* → *Sa sœur crie.*

Elle crie.	ses parents	Ils viennent.	mon cousin
Il part.	sa sœur	Elles arrivent.	tes cousines
Ils partent.	son frère	Il vient.	Paul et Léa

... /5

PAR ❤

chez moi	chez lui	une ronde	un cou**s**in
chez toi	chez soi	une ruche	le vi**s**age

60 le temps

OBSERVE

RETIENS

- Quand j'écris ce qui se passe **en ce moment**, le verbe est au **présent**.
- Si j'écris ce qui s'est passé **avant**, le verbe est au **passé**.
- Si j'écris ce qui se passera **plus tard**, le verbe est au **futur**.

172 **Pour chaque phrase, trouve si l'action a lieu dans le passé ou dans le futur.**

Ex. : *Cet été, je me baignerai.* → *futur.*

Demain, nous irons à la fête. • La semaine passée, j'ai été malade. • Hier, on a regardé un film à la télévision. • L'été prochain, je retrouverai mes amis à la mer. • Quand j'étais bébé, je dormais beaucoup. ... /5

▸ **173** **Pour chaque phrase, trouve si l'action a lieu dans le passé, dans le présent, ou dans le futur.**

L'année prochaine, mes parents achèteront une caravane. • Ma chatte dort sur le lit. • Ma voisine a retrouvé son chien hier. • Ces oranges sont bonnes. • On gagnera la prochaine fois. ... /5

PAR ❤ le courage — un potage — une m**a**rmite — un ca**h**ier — la peur

61 le verbe **avoir** au présent de l'indicatif

OBSERVE

RETIENS

- La conjugaison du verbe **avoir** au présent est :
j'**ai**, tu **as**, il (elle, on) **a**,
nous **avons**, vous **avez**, ils (elles) **ont**.

174 **Écris chaque pronom avec le verbe avoir.**

Ex. : *nous → avons : nous avons.*

nous	ai	tu	avez
j'	a	elles	as
il	avons	vous	ont

... /5

175 **Complète par le verbe avoir au présent.**

Nous ... des camarades. • Tu ... de jolies fleurs. • Elles ... des robes rouges. • On ... une grosse valise. • Le fermier ... un tracteur neuf. ... /5

176 **Complète par le verbe avoir au présent.**

Vous ... froid ? • Les pilotes ... une bonne vue. • J' ... deux chats. • Nous ... un portable. • Tu ... peur des loups. • Les roses ... des épines. • On ... un sac. • Ils ... une sœur. • Elle ... un canari. • Jules et Lili ... sept ans. ... /10

PAR ❤ une remar**que** une ligne la foudre une pri**s**on

62 le verbe **être** au présent de l'indicatif

OBSERVE

RETIENS

- La conjugaison du verbe **être** au présent est :
je **suis**, tu **es**, il (elle, on) **est**,
nous **sommes**, vous **êtes**, ils (elles) **sont**.

177 **Écris chaque pronom avec le verbe être.**

Ex. : *il* → *est* : *il est.*

il	suis	vous	êtes
nous	est	tu	est
je	sommes	elle	es

... /5

178 **Complète par le verbe être au présent.**

Je ... à l'école. • Ils ... en vacances. • Tu ... grande. • Cette musique ... belle. • Le portail ... en bois. ... /5

179 **Complète par le verbe être au présent.**

On ... en hiver. • Tu ... le premier. • Les chevaux ... dans le pré. • Jérôme ... malade. • Vous ... le directeur. • Cette voiture ... neuve. • Nous ... des enfants. • Ils ... pauvres. • Tu ... drôle. • Le maçon ... sur le toit. ... /10

PAR ♥

un coin	une tarte	la **lec**ture	libre
le retour	une tartine	une **fau**te	libre**ment**

63 avoir et être au présent de l'indicatif

OBSERVE

RETIENS

■ Je ne confonds pas **j'ai** (verbe **avoir**) avec **tu es**, **il est**, **elle est**, **on est** (verbe **être**).

180 **Écris chaque pronom avec le verbe être (es ou est), ou avec le verbe avoir (ai).**

Ex. : *on → est : on est.*

on	ai	il	ai
j'	es	j'	es
tu	est	elle	est

… /5

181 **Complète par le verbe avoir (ai) ou par le verbe être (es ou est).**

Ex. : *La pie … dans le nid. → La pie **est** dans le nid.*

Tu … à la maison. • Il … chez ses amis. • J' … un joli vélo bleu. • Sophie … debout sur sa chaise. • On … tous dans la cour.

… /5

182 **Complète par le verbe avoir ou par le verbe être.**

J' … un livre de contes. • La chatte n' … pas sur le lit. • Adrien … chez sa grand-mère. • On n' … plus en été. • Je n' … pas de montre.

… /5

64 le présent de l'indicatif : terminaisons -e, -es, -e

OBSERVE

En ce moment,

je donne
tu donnes
il, elle, on donne
nous donnons
vous donnez
ils, elles donnent

donner

RETIENS

- Au **présent**, les terminaisons des verbes comme **donner** sont :
  je **-e**, tu **-es**, il (elle,on) **-e**,
  nous **-ons**, vous **-ez**, ils (elles) **-ent**.

183 **Écris chaque pronom avec le verbe donner.**

Ex. : *il → donne : il donne.*

il	donnez	elles	donne
nous	donne	tu	donnent
vous	donnons	je	donnes

... /5

184 **Écris chaque pronom avec le bon verbe.**

je	entres	vous	restent
nous	marchons	ils	tourne
tu	nage	on	regardez

... /5

185 **Complète le verbe donner au présent.**

Elle donn... du pain aux oiseaux. • Tu donn... ton cahier au professeur. • Vous donn... la main à vos amis. • Je donn... le biberon à ma petite sœur. • Ils donn... leur langue au chat.

... /5

186 **Écris les dix phrases possibles avec les sujets de gauche et les verbes sur fond bleu.**

Ex. : *tu → continues : tu continues.*

Sujets	Verbes	Sujets	Verbes
tu	trouvent	j'	travaillent
je	parlons	on	approche
ils	cherche	vous	écoutent
nous	continues	Sandra	murmurez
Clément		les élèves	

... /10

187 **Complète chaque phrase par un pronom.**

Ex. : ... *aime les animaux.* → ***Il*** *aime les animaux.*

... manges à midi. • ... parlez très fort. • ... sautent à la corde. • ... visite une usine. • ... me lève à six heures.

... /5

188 **Écris les verbes entre parenthèses au présent.**

Francis *(aimer)* les oranges. • Tu *(tourner)* trop vite. • On *(se cacher)* dans les bois. • Est-ce que vous *(jouer)* avec moi ? • Elles *(nager)* bien.

... /5

189 **Quels verbes se conjuguent au présent comme le verbe donner ?**

avoir, dormir, bavarder, boire, finir, relire, montrer, rire, pleurer, retenir, suivre, repasser, revenir, traverser, voir, sortir.

... /5

190 **Complète les verbes au présent.**

Ex. : *Tu ferm... la porte.* → *Tu ferm**es** la porte.*

Vous aval... tout rond ! • Les enfants touch... à tout. • Elles chant... bien. • J'écout... de la musique. • Le vent tomb... avec la pluie. • Nous nous couch... vers neuf heures. • Les joueurs salu... la foule. • On gard... son petit frère. • Mon voisin plant... un arbre. • Tu démont... ton vélo tout seul ?

... /10

PAR ❤

parler	louer	avaler	se coucher
sauter	visiter	se moucher	une couche

65 le futur de l'indicatif

OBSERVE

Après, plus tard...

je donnerai
tu donneras
il, elle, on donnera
nous donnerons
vous donnerez
ils, elles donneront

donner

RETIENS

■ Au **futur**, les terminaisons des verbes comme **donner** sont :
je **-erai**, tu **-eras**, il (elle, on) **-era**,
nous **-erons**, vous **-erez**, ils (elles) **-eront**.

191 **Écris chaque pronom avec le verbe qui convient.**
Ex. : *elle* → *chantera* : *elle chantera.*

elle	chanterai	vous	chanterons
je	chanteras	ils	chanterez
tu	chantera	nous	chanteront

... /5

192 **Complète le verbe donner au futur.**

Demain : On donn... de la salade à la tortue. • Ils donn... leur adresse. • Je donn... la main à papa. • Il nous donn... le courrier. • Nous donn... le signal du départ. ... /5

▸**193** **Complète les verbes au futur.**

L'an prochain, tu march... plus vite. • Demain, ils se lèv... tôt. • Plus tard, vous visit... ce pays. • Tout à l'heure, je bavard... avec toi. • Dans deux heures, le bateau arriv... . ... /5

66 être et avoir au futur de l'indicatif

OBSERVE

RETIENS

- Au **futur**, le verbe **être** et le verbe **avoir** s'écrivent :
  – je **serai**, tu **seras**, il **sera**, nous **serons**, vous **serez**, ils **seront**.
  – j'**aurai**, tu **auras**, il **aura**, nous **aurons**, vous **aurez**, ils **auront**.

194 **Écris chaque pronom avec le verbe qui convient.**

Ex. : *je → serai : je serai.*

je	serons	vous	aura
il	serai	elles	auront
nous	sera	on	aurez

... /5

195 **Complète par le verbe être au futur.**

Demain, je ... absent. • *Mardi prochain*, on ... en classe. • *Dans un mois*, il ... en vacances. • *En juillet*, ils ... à la mer. • *Ce soir*, nous ... heureux de te voir. ... /5

196 **Complète par le verbe avoir au futur.**

Pour sa fête, elle ... un jeu. • Demain, tu ... une visite. • Vous ... ma lettre à midi. • La semaine prochaine, j' ... un livre et elles ... un jeu. ... /5

67 le passé composé de l'indicatif

OBSERVE

Hier, avant…

j'ai donné
tu as donné
il, elle, on a donné
nous avons donné
vous avez donné
ils, elles ont donné

avoir ___é

RETIENS

- Le **passé composé** est un temps du passé. Il est formé de deux verbes. Dans *j'ai donné*, on trouve :
  1. **avoir** conjugué au présent → j'**ai**.
  2. un participe passé → **donné**.

197 **Écris chaque pronom avec le verbe qui convient.**

Ex. : *nous → avons mangé : nous avons mangé.*

nous	a nagé	tu	avez regardé
il	ai calculé	vous	as parlé
j'	avons mangé	elles	ont cherché

… /5

198 **Complète par un pronom de la conjugaison.**

Ex. : *… a donné →* ***il*** *a donné.*

Hier, … avez gagné la course.
Ce matin, … ont acheté des gaufres.
… as enfermé le chien dans le garage.
… ai caché les clés dans un pot.
… avons démonté le camion.

… /5

199 Souligne le verbe avoir, puis complète le passé composé.

Ex. : *Elle a donn… → Elle a **donné**.*

Elles ont donn… de leurs nouvelles. • Vous avez donn… votre nom. • Il m'a donn… un bonbon. • J'ai donn… un jouet à Karim. • On m'a donn… une éponge neuve. … /5

200 Écris tous les pronoms possibles pour chaque verbe.

Ex. : *… a dansé → **il** a dansé, **elle** a dansé, **on** a dansé.*

… as dormi longtemps.	… a avalé un gros cachet.
… ont fini leur dessin.	… avons bu du chocolat.
… avez rendu vos livres.	… as suivi le bon chemin.
… ai aimé le film.	

… /10

201 Souligne le participe passé, puis complète le passé composé.

Ex. : *Nous … chanté → Nous **avons** chanté.*

Elle … sucré son yaourt. • J' … visité une usine de meubles. • Ils … marché jusqu'à la plage. • Est-ce que tu … retrouvé ta gomme ? • Ce matin, il … neigé. … /5

202 Complète les verbes au passé composé.

Ex. : *Elle … gard… la photo. → Elle **a gardé** la photo.*

Les cloches … sonn… toute la nuit. • La fanfare … défil… dans la rue. • Vous … termin… votre devoir ? • On … nettoy… le tableau. • J' … entend… du bruit. … /5

203 Ajoute Hier, au début de chaque phrase, puis écris le verbe entre parenthèses au passé composé.

Ex. : *On (relire) l'histoire. → **Hier**, on **a relu** l'histoire.*

Nous *(jouer)* sur la place. • Nous *(conjuguer)* un verbe au futur. • Le bébé *(sourire)* pour la première fois. • Est-ce que vous *(finir)* vos devoirs ? • Mes parents *(vider)* la cave. … /10

PAR ❤

une main	finir	une louche	un four
la barbe	retenir	la soupe	une tige

68 être et avoir au passé composé

OBSERVE

RETIENS

- Le passé composé du verbe **être** s'écrit : j'**ai été**, tu **as été**, il (elle) **a été**, nous **avons été**, vous **avez été**, ils (elles) **ont été**.
- Le passé composé du verbe **avoir** s'écrit : j'**ai eu**, tu **as eu**, il (elle) **a eu**, nous **avons eu**, vous **avez eu**, ils (elles) **ont eu**.

204 **Écris chaque pronom avec le verbe qui convient.**

Ex. : *ils → ont été : ils ont été.*

ils	as été	j'	a eu
tu	avons été	vous	avez eu
nous	ont été	elle	ai eu

... /5

205 **Complète par le verbe être au passé composé.**

La semaine passée : Vous ... ... sots. • Nous ... ... gentils. • J' ... ... premier. • Il ... ... malade. • Elles ... ... contentes.

... /5

206 **Complète par le verbe avoir au passé composé.**

Dimanche dernier : Tu ... ... un cadeau. • Elle ... ... un bouquet. • Il ... ... une moto. • Ils ... ... un ballon. • J' ... ... un jeu vidéo.

... /5

69 le verbe aller

OBSERVE et RETIENS

PASSÉ COMPOSÉ	PRÉSENT	FUTUR
je suis allé	je vais	j'irai
tu es allé	tu vas	tu iras
il est allé	il va	il ira
nous sommes allés	nous allons	nous irons
vous êtes allés	vous allez	vous irez
ils sont allés	ils vont	ils iront

207 **Complète par le verbe aller au présent.**

Maintenant : Nous … à l'école. • J'y … souvent. • Il … à la pêche. • Elles … à la gare. • On … à Paris. • Tu y … en voiture. • Vous … au marché. • Elle … mal. • Ils … en Italie. • Charles … bien. … /10

208 **Complète par le verbe aller au futur.**

Demain : On … au bal. • Tu … te baigner. • Nous … le voir. • J' … seul. • Elle … chez eux. • Ils … trop vite. • Il … mieux. • Elles … à vélo. • Vous … à pied. • Mamie … en bus. … /10

209 **Complète le verbe aller au passé composé.**

Ex. : *Ils … all… à la fête.* → *Ils **sont** all**és** à la fête.*

Hier : Il … all… trop loin. • Nous … all… au cinéma. • Je … all… à la poste. • Vous … all… au village, les garçons ? • Tu … all… au jardin. … /5

70 le verbe **faire**

OBSERVE et RETIENS

PASSÉ COMPOSÉ	PRÉSENT	FUTUR
j'ai fait	je fais	je ferai
tu as fait	tu fais	tu feras
il a fait	il fait	il fera
nous avons fait	nous faisons	nous ferons
vous avez fait	vous faites	vous ferez
ils ont fait	ils font	ils feront

210 **Complète par le verbe faire au présent.**

En ce moment : Les oiseaux … leur nid. • Tu … une sottise. • Mamie … des confitures. • Mes parents … du sport. • Mon frère et ma sœur … de la musique. … /5

211 **Complète par le verbe faire au futur.**

Après, tu … un jeu. • *Demain*, nous … des crêpes. • *Plus tard*, on … du vélo. • *Ce soir*, je … un dessin. • *Tout à l'heure*, elles … une partie de tennis. … /5

▸ **212** **Complète le verbe faire au passé composé.**

Ex. : *Tu … fai… du ski.* → *Tu **as** fai**t** du ski.*

Hier : Nous … fai… du judo. • J' … fai… mon lit. • Elle … fai… ses devoirs. • Ils … fai… une promenade. • Vous … fai… un joli coussin. … /5

PAR ❤ aller faire un pa**s** la limonade une mou**st**ache

71 le verbe **dire**

OBSERVE et RETIENS

PASSÉ COMPOSÉ	PRÉSENT	FUTUR
j'ai dit	je dis	je dirai
tu as dit	tu dis	tu diras
elle a dit	elle dit	elle dira
nous avons dit	nous disons	nous dirons
vous avez dit	vous dites	vous direz
elles ont dit	elles disent	elles diront

213 **Complète par le verbe dire au présent.**

Maintenant : Il … un mensonge. • On … ce qu'on sait. • Elles … la vérité. • Nous … notre âge. • Tu … un gros mot. • Je … mon nom. • Vous … tout haut ce qu'elle … tout bas. • Ils … ce qu'ils pensent. • Margot … *non.* … /10

214 **Complète par le verbe dire au futur.**

Ce soir : Tu … un poème. • Ils … leurs notes. • Vous … ce que vous avez fait. • Elle … ce qu'elle a vu. • Nous … *merci.* • On ne … rien. • Il … *bonsoir.* • Je le … ! • Elles … tout. • Ma sœur … comme lui.

… /10

215 **Complète le verbe dire au passé composé.**

Ex. : *Il … di… bonjour.* → *Il **a** di**t** bonjour.*

Ce matin : J' … di… *oui.* • Ils … di… *au revoir.* • Nous lui … di… *à demain.* • Vous … di… *bonne nuit.* • C'est mon petit doigt qui me l' … di… . … /5

72 le verbe **savoir**

OBSERVE et RETIENS

PASSÉ COMPOSÉ	PRÉSENT	FUTUR
j'ai su	je sais	je saurai
tu as su	tu sais	tu sauras
elle a su	elle sait	elle saura
nous avons su	nous savons	nous saurons
vous avez su	vous savez	vous saurez
elles ont su	elles savent	elles sauront

216 **Complète par le verbe savoir au présent.**

Maintenant : On ... où il est. • Tu ... nager. • Ils ... lire. • Nous ... compter. • Il ... sa poésie. • Je ne ... pas. • Elle ... ce qu'elle veut. • Il est gentil, vous ... . • Elles ... jouer aux échecs. • Les chats ... chasser. ... /10

217 **Complète par le verbe savoir au futur.**

Plus tard : Elle ... ce qu'il doit faire. • On ... la vérité. • Tu ... tout ! • Ils ... où il faut aller. • Je ... refermer le coffre. ... /5

218 **Complète par le verbe savoir au passé composé.**

Ex. : *Il ... ... le démonter.* → *Il* ***a su*** *le démonter.*

Hier : Elle ... ... faire le problème. • Vous ... ... ce qui était arrivé ? • Ils ... ... la vérité. • Nous ... ... la nouvelle. • J' ... ... qu'il allait revenir. ... /5

PAR ♥ la chaleur — un meu**ble** — un salon — un poi**ss**on — la po**st**e

73 le verbe **pouvoir**

OBSERVE et RETIENS

PASSÉ COMPOSÉ	PRÉSENT	FUTUR
j'ai pu	je peux	je pourrai
tu as pu	tu peux	tu pourras
il a pu	il peut	il pourra
nous avons pu	nous pouvons	nous pourrons
vous avez pu	vous pouvez	vous pourrez
ils ont pu	ils peuvent	ils pourront

219 **Complète par le verbe pouvoir au présent.**

Maintenant : Je ... rire. • Tu ... danser. • Nous ... chanter. • Ils ... travailler. • Il ... courir. • Vous ... parler. • Elles ... se promener. • Elle ... revenir seule. • On ... le deviner. • Les enfants ... crier. ... /10

220 **Complète par le verbe pouvoir au futur.**

Plus tard : On ... se reposer. • Il ... se cacher. • Je ... lire le journal. • Elles ... jouer aux dominos. • Je ... regarder la télévision. ... /5

221 **Complète par le verbe pouvoir au passé composé.**

Ex. : *Tu ... ... arriver.* → *Tu* ***as pu*** *arriver.*

Hier : Vous ... ... dormir. • J' ... ... prendre l'avion. • Elle ... ... aller au cirque. • Nous ... ... boire du lait. • Ils ... ... suivre la moto. ... /5

AR ❤ la vie   la vue   la rive   un domino   la nage   nager

74 le verbe **voir**

OBSERVE et RETIENS

PASSÉ COMPOSÉ	PRÉSENT	FUTUR
j'ai vu	je vois	je verrai
tu as vu	tu vois	tu verras
elle a vu	elle voit	elle verra
nous avons vu	nous voyons	nous verrons
vous avez vu	vous voyez	vous verrez
elles ont vu	elles voient	elles verront

222 **Complète par le verbe voir au présent.**

Maintenant : Elle … bien sans lunettes. • Je … loin. • Vous … , c'est simple. • Elles … tout ! • Tu … mal. • Nous la … tous les jours. • On y … clair. • Ils les … partir. • Il … rouge. • Les chats … la nuit. … /10

223 **Complète par le verbe voir au futur.**

Demain : De là, je … le train passer. • Je ne sais pas si elle te … dans la foule. • Tu … bien ! • Ils … la course à la télévision. • Nous … quand tu seras revenu. … /5

224 **Complète par le verbe voir au passé composé.**

Ex. : *On … … la mer.* → *On **a vu** la mer.*

Hier : Elles … … un dauphin. • Nous … … les lions chasser. • Tu … … une taupe. • Vous … … un tigre. • Il … … un rat. … /5

PAR ❤ le poivre un rat un sac une sacoche la farine

75 le présent de l'indicatif : terminaisons -s, -s, -t

OBSERVE

Maintenant…

je viens
tu viens
il, elle, on vient
nous venons
vous venez
ils, elles viennent

venir

RETIENS

- Au **présent**, les terminaisons des verbes comme **venir** sont :
  je **-s**, tu **-s**, il (elle, on) **-t**,
  nous **-ons**, vous **-ez**, ils (elles) **-ent**.

225 **Écris chaque pronom avec le verbe venir.**

nous	vient	il	venez
on	venons	vous	viennent
je	viens	ils	vient

(nous → venons) … /5

226 **Complète par le verbe venir au présent.**

On … avec toi. • Tu … de quelle ville ? • Je … te chercher. • Ils … d'Italie. • Elle … souvent nous voir. … /5

227 **Complète ces verbes au présent. Ils se conjuguent comme le verbe venir.**

- devenir → Je devien… grand.
- boire → On boi… du jus d'orange.
- lire → Tu li… mieux, cette année.
- devoir → Elle doi… prendre le train.
- finir → Il fini… son bol de lait.

… /5

AR venir voir lire relire rire le vin un autre

76 le présent de l'indicatif : terminaisons -ds, -ds, -d

OBSERVE

En ce moment…

je prends
tu prends
il, elle, on prend
nous prenons
vous prenez
ils, elles prennent

prendre

RETIENS

■ Au **présent**, les terminaisons des verbes comme **prendre** sont :
je **-ds**, tu **-ds**, il (elle, on) **-d**,
nous **-ons**, vous **-ez**, ils (elles) **-ent**.

228 **Écris chaque pronom avec le verbe prendre.**

je	prenons	vous	prends
il	prend	ils	prenez
nous	prends	tu	prennent

(je → prends)

… /5

229 **Complète par le verbe prendre au présent.**

Elle … un bain chaque soir. • Nous … un crayon. • Je … le bus à cinq heures. • Tu … ton cahier rouge. • Elles … une photographie.

… /5

230 **Complète ces verbes au présent. Ils se conjuguent comme le verbe prendre.**

Elle appren… sa leçon. • Tu répon… juste. • Je te ren… ton livre. • Ils vend… du pain. • Tu cou… bien. • Les poules pond… . • J'enten… l'orage. • Nous perd… ! • Vous attend… ? • La neige fon… au soleil.

… /10

PAR ♥ prendre — rendre — le directeur — un radar — un vase

77 les infinitifs terminés par **-er**

OBSERVE

RETIENS

- Un verbe terminé par **-er** est à l'infinitif. Pour le reconnaître, je peux poser la question ***quoi faire ?*** juste avant le verbe : *Il veut monter → Il veut **quoi faire** ? monter.*

231 Écris cinq phrases avec les bons verbes sur fond bleu.

Ex. : *Il veut quoi faire ? → s'amuser : Il veut s'amus**er**.*

Il veut... *quoi faire ?* →

s'amuser	regardez
travailler	se promener
monté	danser
plonger	téléphoner

... /5

232 Réponds à chaque question, puis complète les verbes.

Nous allons *quoi faire ?* nag... . • Vous pouvez *quoi faire ?* tomb... . • Bébé sait *quoi faire ?* march... . • Papa va *quoi faire ?* découp... la viande.• Julie aime *quoi faire ?* jou... .

... /5

233 Écris ces phrases en complétant les verbes.

Je vais me cach... . • Il peut marqu... un but. • Je veux m'en all... . • Elle a envie de se lev... tôt. • On vient d'entr... en classe.

... /5

AR monter retrouver un talon un li**t** le lai**t**

Révision

- Les règles révisées sont indiquées à la fin des consignes. L'élève peut ainsi relire une règle avant de faire son exercice, ou bien la réviser après, en cas d'erreur. Les exercices sans règle indiquée contrôlent les mots à savoir écrire en fin de CE1.
- Chaque fiche débute par un court texte à compléter. Il faut le lire en entier avant de répondre. Les lettres ou les mots à retrouver sont signalés par trois points, quelle que soit la longueur de la réponse. Des réponses sont parfois proposées entre crochets : une seule est correcte.
- Chaque fiche prévoit vingt réponses. Le barème est simple : un point par réponse juste. Le texte à compléter peut aussi être noté seul puisqu'il demande dix réponses.

1 Fiche de révision

1 **Texte à compléter.** (Règles 16, 17, 54)

Le merle.

Tina est à la c...pagne [an/am]. Elle ouvr... tout gran...
la fenêtre de sa ch...bre [an/am].
Un oi...eau [s/ss] noir chante sur une br...che [an/am].
Tina lui crie :
– Cache-toi ! Les cha...eurs [s/ss] arriv... !
Le merle s'envole sur le toi... de la mai...on.

2 **On a oublié de mettre des blancs entre les mots.**
Écris ces phrases en ajoutant les blancs. (R2)

Prendsunbonbon.
Lautodoublelecamion.
Monvéloestrouge.
Lavionvole.
Limageestjolie.

3 **Le robot a mélangé les syllabes de cinq mots.**
Retrouve ces mots. (R23)

ra ma ca de

man di che

cra te va

que re mar

ment de froi

... /20

2 Fiche de révision

4 **Texte à compléter.** (Règles 20, 27, 39, 46, 49)

Le sais-tu ?

Si tu fai... bouillir des œuf...,
ajoute une pincé... de gro... sel
dans l'eau. La co...ille[c/qu]
ne se fendra pas.
Dès qu'ils sont ...uits[c/qu],
plonge-les dans de l'eau froi...
pendant quatre ...[a/à] cinq minute... .
La co...ille[c/qu] sera plus facile ...[a/à] enlever.

5 **Ces mots vont deux par deux.**
Écris chaque mot rose avec un mot bleu.

chien	bouche	lire	dinde	jour
dindon	relire	chienne	journée	bouchée

6 **Deux phrases ont été découpées et mélangées.**
Écris-les. (R46, R54)

sur le — dans les — enfants — joue — Le gros — Les deux — lit. — chat — prés. — se sauvent

... /20

3 Fiche de révision

7 **Texte à compléter.** (Règles 22, 34, 51, 64)

Des araignées de garde.

Ratus dé...ide[c/ç] de faire garder ...[ces/ses] fromages par des araignées venimeus... . Il entr... chez un marchand de petit... bêtes et demande de gros... araignées velu... qui mordent. Le vendeur apporte une gran... boîte pleine d'araignées noir... avec des taches roug... .

8 **On a caché cinq mots dans cette histoire. Retrouve-les dans le cadre jaune.** (R31, R46, R71)

Un mensonge.

Victor a un journal … la main.
– Tu n'as plus ta bosse ? demande-t-il.
– Ratus raconte qu'il a été enlevé par des … ! dit Marou.
– Pas du tout, … Victor. Il a reçu une … de pétanque sur la tête. Le journal dit même qu'il était en train … tricher.

avec **bouche** **pirate** **poule** **dit** **de** **boule** **pirates** **dis** **à**

9 **La ronde des lettres.**
À la place du carré bleu, tu peux mettre cinq lettres de la ronde. Écris les mots que tu as trouvés.

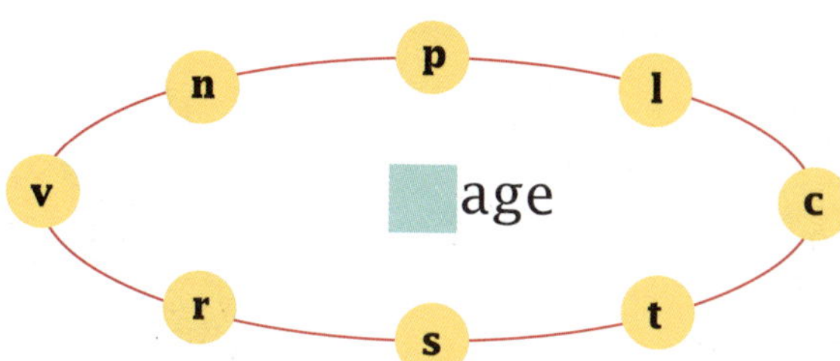

... /20

4 Fiche de révision

10 **Texte à compléter.** (Règles 14, 34, 42, 54)

Quand le chat n'est pas là,
les souris dansent.

Le soir, avant de partir à son trava…,
M. Lucas embrasse …[ces/ses] enfants
et leur dit d'aller …[ce/se] coucher.
Pui… il s'en va.
Mais dès que la porte …[ce/se] referme
derrière lui, les enfants …[ce/se] lèvent,
chant…, dans…, regard… la télévision
et mang… des bonbons. Quels polissons !

11 **On a oublié de mettre des blancs entre les mots.**
Écris ces phrases en ajoutant les blancs. (R2, R4)

Loursveutmanger.

Elleaunfrère.

Labeillepique.

Voicilété.

Lesanimauxneparlentpas.

12 **Le robot a mélangé les syllabes de cinq mots.**
Retrouve ces mots. (R23)

teur rec di

der re gar

ge o ran

mo li de na

ne mai se

… /20

5 Fiche de révision

13 Texte à compléter. (Règles 37, 46, 49, 53)

La reine du carnaval.

Dans la rue, c'est la f…te[è/ê]. Les gens dans… . Ils lanc… des serpentin… . Puis la fanfare arriv… et le défilé des char… commence. Le plus beau …[et/est] celui du royaume de la mer, avec le roi Neptune …[et/est] sa reine. C'est une sirène. Et c'est Ralette ! Qu'elle est joli… avec sa queue de poisson et sa couronne doré… sur la tête !

14 Trouve les cinq mots où ces syllabes sont cachées. (R23)

clo | pe | dre | car | sa

crabe	col	petit	cloche
rendre	cartable	père	salade

15 Choisis le bon adjectif pour compléter chaque phrase. Aide-toi de l'orthographe et du dessin. (R49, R50, R51)

gros	petite	content	bruns	grande
petit	tristes	grosse	contente	drôles

Il est … .
Il est … .
Il est … .

Elle est … .
Elle est … .
Elle n'est pas … .
Elle n'est pas … .

Ils sont … .
Ils sont … .

Ils ne sont pas … .

… /20

6 Fiche de révision

16 **Texte à compléter.** (Règles 34, 39, 46, 64, 75)

Le poète.

Ratus est assis sur son mur. Il ...[a/à] une fleur ...[a/à] la bouche. Il regarde le ciel en rêvant. Il a posé un ca...ier sur ...[ces/ses] genoux. Il écri... des mot... en remuant les lèvr... .

– Que fais-tu ? demande Mina. Tu parl... tout seul ?

– J'écri... une poésie, répond Ratus.

Puis il se lève et, debout sur le mur, il li... son poème la main sur le cœur.

17 **On a enlevé les m et les n dans ces mots. Remets ces lettres.** (R16)

le cha...teur	la tro...pe	le ti...bre
la cha...bre	la ro...de	

18 **Complète les bulles avec des pronoms de la conjugaison : je, tu, il, elle, nous, vous, ils ou elles.** (R57, R58, R59)

... /20

7 Fiche de révision

19 **Texte à compléter.** (Règles 17, 22, 38, 73)

Vive la dictée !

Les élèv... de Jeanne faisaient la grima...e[c/ç] quand elle annon...ait[c/ç] une dictée. Un jour, elle posa sur ...[son/sont] bureau un bocal plein de bonbon... et elle dit :
– Ceux qui auront zéro faute viendront en choi...ir[s/ss] un et ils pour... le manger en cla...e[s/ss].
Depuis, les élèves de Jeanne ont fait beaucoup de progrès et ils se ...[son/sont] mis à aimer les dicté... .

20 **Le robot a mélangé les syllabes de cinq mots. Retrouve ces mots.** (R23)

cri é tu re

chet four te

ver trou re

vil ge la

ne per son

21 **Jeu des cailloux.** *(Règle du jeu page 15)*
Trouve le mot qui va dans chaque groupe de cailloux.

arbre
vigne
jouer
après
petit

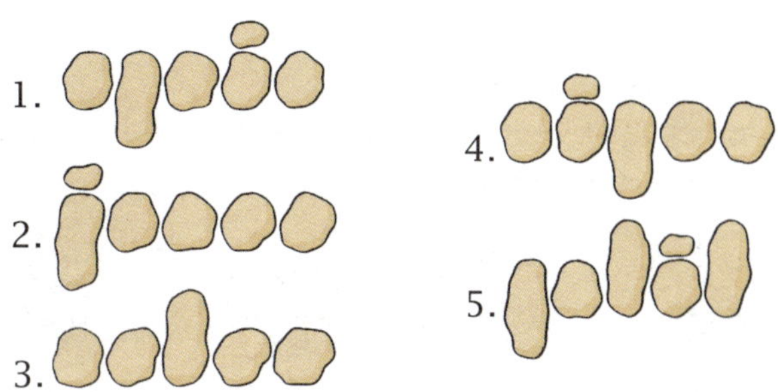

... /20

8 Fiche de révision

22 **Texte à compléter.** (Règles 44, 46, 51, 54, 77)

Sauve-qui-peut !

Le monstre frapp... le sol de ses pattes énorm... et donne de gran... coups de queue qui font vibr... les mur... du château. Il lance des flamm... vers les enfan... qui cour... à toutes jambes. Ils ...[on/ont] juste le temps de saut... derrière un mur. Ouf ! Ils sont sauvés.

23 **Retrouve les cinq phrases qui ont été découpées.** (R67)

Ex. : *Vous + avez + couru.* → *Vous avez couru.*

Vous	as	
Nous	est	
Tu	avez	parti.
Il	suis	couru.
Elles	ont	
Je	avons	

24 **Qu'a-t-on voulu écrire ?**
Dans chaque mot, on a écrit une lettre à la place d'une autre.
Écris les mots justes.

tranche cave homme bille salle

... /20

9 Fiche de révision

25 **Texte à compléter.** (Règles 35, 36, 40, 42, 46)

Mon copain le monstre.

À partir de ...[ce/se] jour, le monstre ...[et/est] Henri devinrent des ami... . Parfois, le monstre ...[ce/se] rendait invi...ible et Henri devait deviner ...[ou/où] il se trouvait sous peine de ...[ce/se] faire prendre.
Mais bien souvent, pour faire plaisir ...[a/à] son ami, le gar...on[s/c/ç] se débrouillait pour se laisser attrap... .
Le monstre, alors, faisait semblant de le dévorer.

D'après N. de Hirsching, *Mon copain le monstre.*

26 **Trouve les cinq mots où ces syllabes sont cachées.** (R23)

ai	tre	cou	ti	cha

aviateur	couper	confiture	classe
tige	chaleur	entre	aimer

27 **La ronde des lettres.**
À la place du carré bleu, tu peux mettre des lettres de la ronde et tu trouveras cinq mots. Écris-les.

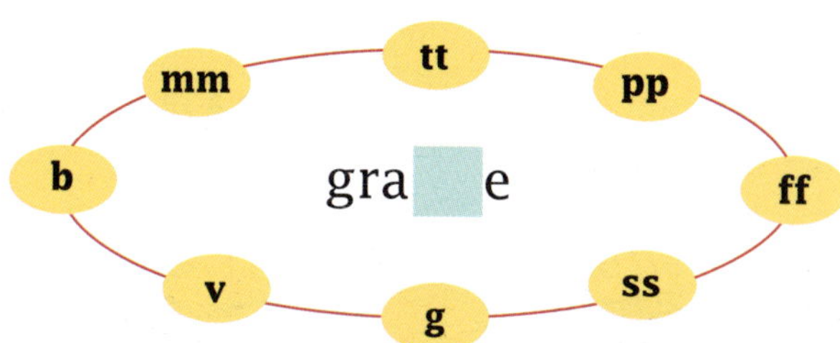

... /20

10 Fiche de révision

28 **Texte à compléter.** (Règles 46, 62, 69, 76, 77)

Un renard très malin.

Un loup, un ours ... [et/est]
un renard von... à la pêche.
L'ours attrape trois poisson... .
– On va partag..., dit-il. Un poisson chacun.
– Tu ... [ai/es/est] nul en calcul, lui dit le renard.
Le loup et toi, vous pren... un poisson : un loup, un ours ... [et/est] un poisson, ça fait trois. Moi, je pren... les deux poissons qui restent : un renard ... [et/est] deux poissons, ça fait trois aussi. Trois égale trois et le partage ... [ai/es/est] juste !

29 **Relie chaque verbe à la bonne terminaison.** (R64, R75, R76)

Ex. : *tu pren + ds → tu prends.*

tu pren →	d
nous cherch	e
je march	ds
elle compren	ons
vous regard	t
on fini	ez

30 **Qu'a-t-on voulu écrire ?**
Dans chaque mot, on a écrit une lettre à la place d'une autre.
Écris les mots justes.

riche sol bouche libre bouton

... /20

11 Fiche de révision

31 **Texte à compléter.** (Règles 31, 42, 46, 64, 75)

Francette top secrète.

Je pass... à côté du robot. Ce qu'il me di... est bizarre ! Dans le rayon des jouet..., je voi... des farce... et attrapes. Je prends un faux serpent en plastique tout mou et je m'approch... sans bruit du robot. Je le gliss... dans son col. Si c'est un vrai robot, il ne devrait rien sentir. Mai... il ...[ce/se] met à gigoter dan... tous les sens. J'avais raison : c'est un faux !

D'après C. Kalengula, *Francette top secrète, mission Noël.*

32 **Ces mots vont deux par deux.**
Écris chaque mot rose avec un mot bleu.

ville	visite	venir	ferme	voir
devenir	fermier	revoir	village	visiteur

33 **Jeu des cailloux.** *(Règle du jeu page 15)*
Trouve le mot qui va dans chaque groupe de cailloux.

dormir

avaler

oiseau

réunir

visage

1. 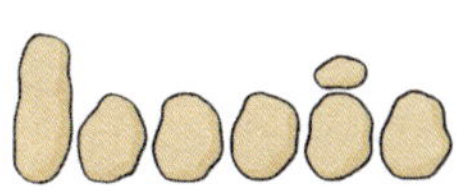

2. 

3. 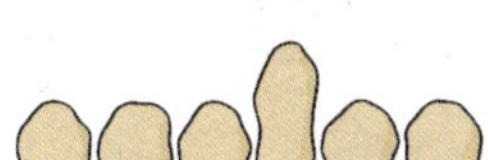

4. 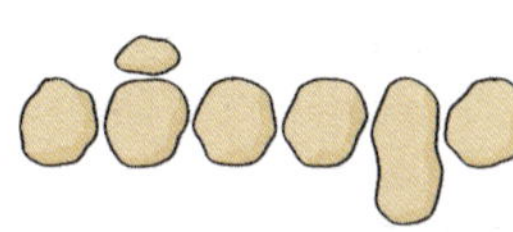

5. 

... /20

12 Fiche de révision

34 **Texte à compléter.** (Règles 22, 38, 54, 63, 77)

Le lion et le chat.

Un lion voyage loin de chez lui.
Il rencontr... un chat.
– J'... [ai/est] faim, dit le lion.
Trouve une lionne et dis-lui
de m'apport... de la viande.
– Dans ton pays, ce ... [son/sont]
les lionnes qui chass..., lui répond
le matou.
Mais i...i [c/ç], les chats ... [son/sont]
courageux : ils chass... eux-mêmes.
Tu ... [es/est] un paresseux ! Si tu veux
ton repas, va le cherch... toi-même !

35 **Trouve les cinq mots où ces syllabes sont cachées.** (R23)

per | cle | nier | plan | jour

jardinier	premier	four	blanche
plante	journal	perle	article

36 **Qu'a-t-on voulu écrire ?**
Sous les dessins, on n'a pas écrit les lettres dans l'ordre.
Écris les mots justes.

signe

niche

ligne

cas

orge

... /20

Dictées

L'enseignement de l'orthographe au CE1 a des objectifs précis et limités : la maîtrise des premières règles et des quelque 400 mots les plus fréquents. Ce bagage est à la base de toutes les réussites ultérieures.

Si les textes suivants ne sont pas préparés, les mots difficiles seront écrits au tableau. Ils sont en italique. Au début de chaque dictée, les principales règles étudiées sont indiquées pour faciliter les révisions avant la dictée ou après, en fonction des erreurs.

1 La puce — Règles 52, 62, 64, 75

– Je suis libre, dit la *puce*. Je saute sur le chat ou sur le chien, et je m'amuse.
Mais le chien s'est *gratté*, et la puce est tombée !

2 Le canard et la lune — Règles 21, 42, 75, 77

C'est le soir. La lune se regarde dans l'*eau*. Le *canard* nage sur la mare. Il croit voir un joli poisson-lune. Il plonge pour le manger. Il a bu l'image de la lune.

3 Mon chat — Règles 16, 17, 20, 31

Mon petit chat est très *coquin*. Le matin, il grimpe sur mon lit et il me lèche le nez. Il *miaule* comme pour me dire :
« Bonjour ! Lève-toi vite et donne-moi une tasse de lait. »

4 Le jardin de Papi — Règles 22, 26, 37, 46

Dans son jardin, il y a des citrons et des oranges. Papi *arrose* les fleurs. Ce matin, le jardinier est venu. Il monte dans le grand arbre et il coupe une branche sèche.

5 Mon petit frère — Règles 54, 59, 63, 75

Mon petit frère a trois ans. Le matin, il boit encore son lait dans un biberon. Papa dit qu'il est *trop* grand, mais maman dit qu'il est petit. Mais quand ils parlent de moi, papa et maman sont *d'accord*. Ils disent que je suis formidable !

6 Le chien de Paul

Règles 7, 62, 67

Mon chien n'est plus dans la voiture. Il est parti et je suis triste.
Maman me dit :
– Allons voir du côté de la boucherie.
Vic est en train de choisir son repas de midi, les deux *pattes avant* contre la vitrine. Il la regarde en tirant la *langue*.

7 Le ménage

Règles 7, 39, 50, 73, 77

Le poisson rouge nage dans le lavabo. Il tourne, et tourne. Il ne dit pas qu'il a mal à la tête car il ne peut pas parler, mais il n'est pas bien dans le lavabo. Il veut retrouver sa maison, avec ses petits *rochers*. Voici qu'une *main* le prend et le fait sauter. Et il retombe dans son bocal tout propre.

8 Le chien et le biberon

Règles 6, 37, 41, 73

J'aime bien ma petite *maîtresse*. Quand elle ne veut plus son biberon, elle me le donne. Je ne *sais* pas comment elle peut faire pour boire proprement avec cette chose. Moi, je tire sur le *bout* qui est mou, et tout le lait coule. Après, je lèche par terre.

9 Petit ou grand ?

Règles 17, 24, 49, 62

Près de la fenêtre, un oiseau chante dans sa cage.
Sa chanson dit :
« Le monde est grand pour un petit oiseau,
mais la cage est petite pour un oiseau
qui est un grand chanteur. »

10 La maison

Règles 24, 46, 70, 75

Mon petit frère fait un *dessin*. Il chante :
« Lundi, je monte les murs,
mardi, je fais le toit et *mercredi,* la cheminée.
Jeudi, je pose la porte et les fenêtres,
vendredi, je passe les murs en rouge,
et samedi, je dors dans ma maison. »

11 Au bord de la rivière — Règles 50, 65, 66, 69, 70

Demain, on sera en été. J'irai pêcher avec Papa. Il y a *beaucoup* de petits poissons dans la rivière. Maman les fera cuire et nous les mangerons. Après, nous ferons une promenade tous les trois dans les bois.

12 Dame souris — Règles 15, 17, 49, 64

Dame *souris trotte*,
Noire dans le gris du soir,
Dame souris trotte,
Grise dans le noir.

Un nuage passe,
Il fait noir comme en un four,
Un nuage passe.
Tiens, le petit jour !

Dame souris trotte,
Rose dans les *rayons* bleus.
Dame souris trotte :
Debout, paresseux !

Paul Verlaine, *Impression fausse.*

Références des extraits.

Plusieurs petits textes de la partie *Révision* sont extraits de la collection jeunesse *Ratus Poche*, éditions Hatier :

- Page 110 : **7.** J. et J. Guion, *Le cadeau de Mamie Ratus* ;
  8. J. et J. Guion, ill. O. Vogel, *Ratus raconte ses vacances.*
- Page 111, **10.** et page 114, **19.** : C. et J. Delile, ill. M. Goubier, *Histoires et proverbes d'animaux.*
- Page 112 : **13.** J. et J. Guion, ill. L. Catani, *Ralette, reine du carnaval.*
- Page 115 : **22.** J. et J. Guion, ill. J.-Ch. Raufflet, *Super-Mamie et le dragon.*
- Page 116 : **25.** D'après N. de Hirsching, *Mon copain le monstre.*
- Page 118 : **31.** D'après C. Kalengula, *Francette top secrète, mission Noël.*

Autres extraits.

- Page 113 : **16.** *Ratus découvre les livres.* Livre de lecture CE1, éditions Hatier.
- Page 123 : **12.** P. Verlaine, « Impression fausse », *Parallèlement.*

Test final

L'élève doit répondre sans regarder dans le livre.
Cette épreuve peut être passée en deux fois.

1 **Écris le verbe de cette phrase.**

La petite fille marche sur le chemin.

2 **Complète par s ou ss.**

Il a po...é les ta...es sur la table.

3 **Écris ces noms au pluriel.**

un journal → des ....
un tableau → des ....

4 **Conjugue au présent, à la 3e personne du pluriel.**

avoir un lapin → Ils ....

5 **Entoure la 2e personne du pluriel.**

je il nous on vous elles

6 **Complète au présent.**

En ce moment, je regard...... , nous regard...... .

7 **Écris au féminin.**

le premier → la ....

8 **Complète par et ou est.**

La voiture ...... dans le garage.

9 **Accorde les adjectifs.**

Anne a mis une joli... robe bleu... .

10 **Complète au futur.**

Demain, je me lèv...... à huit heures.

11 **Complète par a ou à.**

On ... joué aux cartes.

12 **Écris en séparant les mots.**

Jaiapprisànagerlannéepassée.

....

13 **Complète par c ou ç.**

un ma...on

14 **Ajoute cet ou cette.**

...... animal est propre.

15 **Complète par an ou par am.**

un ch...pignon

16 **Écris au masculin.**

une petite chienne → ....

17 **Ajoute les accents qui manquent.**

Son frere eleve des escargots.

18 **Accorde les verbes.**

La pluie tomb......, les enfants se mouill...... .

19 **Que manque-t-il : ail, aille ou eille ?**

une bat... de boules de neige.

20 **Conjugue au futur, à la 3e personne du singulier.**

être au CE2 → Bientôt, je ....

(1 point par question entièrement réussie). ... /20

Entourer les numéros des questions où il y a des erreurs.
À côté, il y a les numéros des règles à réviser.

(1) R5	(6) R64	(11) R39 R67	(16) R48 R49
(2) R17	(7) R26	(12) R2 R6	(17) R24 R25
(3) R47	(8) R37	(13) R22	(18) R54
(4) R61	(9) R49 R51	(14) R41	(19) R14
(5) R58	(10) R65	(15) R16	(20) R66

Table des matières